启真馆出品

创造世界史的海盗

世界史をつくった海賊

[日] 竹田勇 —— 著
阿部罗洁 —— 译

ZHEJIANG UNIVERSITY PRESS
浙江大学出版社

前　言

一个国家是如何走上繁荣富强之路的？放眼世界史，国家寻求富强的途径千姿百态。其或振兴国内产业；或引进海外资本；或开发资源能源；或扩张领土；或不惜挑起战争；不胜枚举。

普通的教科书上记载着各国为追求富强而推出的种种政策，包括技术革新、农业现代化、工业革命、扩张领土、接纳移民、保护贸易、自由贸易、市场经济化、信息通信的自由化还有改革开放等。而作为国家战略的“富国强兵”一词也能不时映入眼帘。但殊不知，其中还有通过“教科书上没有记载的”手段来实现富强的国家，那便是 16—17 世纪的英格兰。

英格兰通过“海盗行为”来追求富裕强大，花费了长达 200 多年的岁月筑建起大英帝国（British Empire）。众所周知，大英帝国的确是通过工业革命来确定其牢固地位的，但无可辩驳的事实是工业革命的资本有相当一部分来自于海盗们带来的掠夺品，即“海盗财”。“海盗（pirates）”是以“海”为舞台进行强盗行为的罪犯，但在英国人之间却往往称呼其为“海犬（sea dogs）”。英国将海盗重新定义为构筑了近代化国家基础的“英雄”而不是罪犯，并成功地将海盗行为合法化、正当化。

举个例子，英国为了正当的“海盗”行为，提出“探险家（explorers）”“航海家（mariners）”“冒险商人（merchant adventurers）”

等词语，用于称呼海盗。此外，后世的历史学家们还故意把效力于英国王室的海盗船称为“私掠船（privateers）”，将王室参与的海盗行为合法化。日本也将这些私掠船的海盗们翻译为“私掠船员”。也就是说，海盗们如果和国家权力合作进行掠夺的话，就被称为探险家或冒险商人，被当作英雄对待。但如果其掠夺行为和国家权力无关的话，就将作为罪犯接受审判。

从英国伦敦市中心沿着泰晤士河畔走下去，在原格林尼治天文台的周围可以找到国家海洋博物馆。在这里，16 世纪第一个成功环绕世界航行一周（世界周航）的英国人弗朗西斯·德雷克，被誉为“伊丽莎白女王时代的探险家”。此外，青少年读物（《伟大的探险家》系列）也对弗朗西斯·德雷克赞赏不已，称之为“发现新大陆时代英国最伟大的海洋探险家”。其实殊不知，此人正是代表英格兰海盗的著名大人物，以西班牙和葡萄牙为敌竭尽全力去抢掠的“掠夺王”。此人后来被伊丽莎白女王一世册封为骑士（Knight），但其真正的功绩并非是实现了环绕世界一周，而是通过其掠夺行为，给英格兰带来的巨额财富。这段逸事如实地阐述了当时的女王和海盗之间的特别关系以及英格兰的国情。

回顾伊丽莎白女王时代，我们可以发现其中汇聚凝结了英格兰作为“海洋国家”或说是“海盗国家”成长壮大的诸多智慧。英格兰击败当时的大国西班牙海军“无敌舰队（Armada）”以后，在欧洲诸国中独放异彩。英格兰将包括印度洋至东南亚海域，再加上延伸至太平洋的地理概念称之为“东印度”，并成立了以海外贸易来支配世界市场的“东印度公司”。众所周知，东印度公司通过进口调味品、咖啡、红茶、绿茶等，在此后取得了惊人的发展。也正是英格兰的贸易商人们，向西班牙支配下的加勒比海秘密运输了大批的非洲黑人。伊丽莎白女王作为权力者、海上贸易操纵者和投资家，常常登上历史舞台，然而和其历史密切关联、总是充当先锋头哨角色的正是此书的主角——海盗。在现代社会中，称霸保险世界的劳埃德保险公司，还有作为高级红茶享誉盛名的川宁皇家御用茶，也都曾和海盗或其后裔有着密不可分的关系。

海盗们不仅奠定了伊丽莎白女王时代的经济基础，在战争时代还作为特殊部队参战，引导英格兰成为战争的胜利者。以和国家权力融为一体的16世纪为基点，海盗们将英格兰筑建成历史上罕见的大英帝国，并在18—19世纪，支配了整个世界的海洋。可以毫不夸张地说，如果没有海盗，英国绝不可能在世界史上留下诸多的丰功伟绩。

如今，在国际商务世界谈起具有“海盗精神”的企业，往往意味着企业具有开拓和挑战精神，并且通过几近违法的经济行为来获得高额效益。在金融世界进行野心的商品开发，使用强硬手段贩卖金融商品获取高额效益，成为“海盗银行”。长时间以来，一直操纵世界经济的英国金融街 the City，原本就是海盗出身者掌控的金融市场，所谓的“海盗商务”的先祖，也是欧洲大陆的金融机关，或许正是海盗商务的正宗本家。

本书并不是如教科书一般将海盗作为罪犯来对待，而是作为英国的国家权力机关，展现出“海盗国家”英国的精髓。本书聚光于海盗这一暴力群体，探求赋予了“海盗”一词积极意义的社会背景、传统和通用于现代社会的价值观，揭秘为何本为罪犯的海盗，在英国和欧美世界会被美化为“英雄”“冒险商人”。

本书的构成如下：

第一章，着眼于从一名海盗华丽变身为国民英雄的“掠夺土”弗朗西斯·德雷克，从而探明伊丽莎白女王和其下属是如何利用海盗们积累财富的史实。

第二章，涉及英国和西班牙争夺海洋霸权的激烈竞争，聚焦小岛国英国是如何通过海盗们的战斗来打败大国西班牙的无敌舰队的。

第三章，集中介绍当时作为稀有医药品价值极高的香料贸易。英国和欧洲诸国展开了激烈的争夺香料战，而为了在此贸易战中获胜，海盗们成立了贸易公司。本书将详解东印度公司成立的背景。

第四章，提及贵族和富裕阶层所珍爱的咖啡和红茶。在 16—19 世纪的广阔视野内，逐步揭露海盗们从事的咖啡贸易和促进了红茶贸易发展的社会经济背景。

第五章，涉及和香料一样被高额买卖的砂糖。西班牙为了在加勒比海生产砂糖，需要大量的非洲黑人奴隶。本书将揭秘女王和海盗是如何巧妙地秘密运输这些黑奴们的。

在这里，我们需要重新确认海盗一词的定义。国际海洋法条约（正式名称是《联合国海洋法公约》，1982 年被决议，1994 年生效。日本是 1983 年签署，1996 年正式承认、批准、公布）第 101 条“海盗行为”的定义，是将“在公海上”和“在任何国家管辖范围以外的地方”“私人船舶或私人飞机的船员、机组成员或乘客为私人目的，所从事的任何非法的暴力或扣留行为，或任何掠夺行为”定义为“海盗行为”。也就是说，“海盗行为”根据国际法，被定义为“在公海上”的“暴力行为”和“掠夺行为”。

但是，16 世纪时期，国际法还不存在，也没有公海和领海的概念。而且海盗这一用语，英国称其为“pirates”“海之犬”，北欧称其为“viking”，还有被英国诗人拜伦选为叙事诗题目的地中海海盗“corsairs”，在加勒比海恶名卓著的海盗“buccaneers”，以村上水军著称的日本濑户内海“水军”，东海的“倭寇”，等等，在特定的地区和时代，其称呼也不尽相同。如前所述，回顾英国的海盗史，为了把“海盗”行为正当化，“探险家”“航海家”“冒险商人”“私掠船员”等用语也频繁登场。在本书中，将在海上进行掠夺行为的所有人员，都统一称为“海盗（pirates）”。

在16世纪，所谓的英国还尚未存在，本来应该使用英格兰一词。但本书为了避免混乱，特别使用现在的通称——英国。西班牙和葡萄牙也各自作为独立国家进行描述，但实际上，葡萄牙有过并入西班牙、在历史上消失的一段时期。而且英国和其他的欧洲诸国采用的年历也不一样，新教徒的英国和旧教徒的欧洲诸国之间存在10天的时间差，也是16世纪特有的现象。所以根据参考文献不同，还存在事件发生日期不一致的问题。本书根据英国使用的年历，记述历史事实。此类基本用语的说明，在卷末另有描述。

目录

第一章

作为英雄的海盗——德雷克的环球航海

弗朗西斯·德雷克实现了环球航海，击败西班牙无敌舰队，通过劫掠而成为留名历史的大海盗。

从贫穷二流国家摆脱出来

如何才能成为像西班牙和葡萄牙一样的富强之国？这是 16 世纪的英国一直在进行自问自答的一个国家之题。亨利八世和伊丽莎白一世统治下的英国，远远落后于当时逐步称霸世界、经济实力强大的西班牙和葡萄牙，处于极度贫穷的状态。此外，16 世纪末，荷兰进军海上，并一跃成为 17 世纪的世界经济霸主，使得英国更加孤立，倍感焦虑。如果说当时的西班牙和葡萄牙是发达国家的话，当时的英国则是个不折不扣的发展中国家。

为了赚取外汇，英国当时主要的出口产品为羊毛和毛织品，即使出口英国沿海捕获的丰富鱼类，也获得不了多少利润。毛织品主要出口到欧洲大陆的玄关——安特卫普*港口，通过安特卫普的商人转手到波罗的海沿岸地区和大陆内部，其中一部分翻山越岭，最终到达波斯（现在的伊朗）就是极限了。英国也曾以英领加来海峡（多佛尔海峡的法语称呼，位于英国和法国之间）为据点进行过大陆贸易，但在伊丽莎白时代的 1564 年，英国放手加来海峡以后，安特

* 安特卫普，世界著名的钻石加工中心。

卫普港口就成为英国进行大陆贸易的窗口。安特卫普当时属于尼德兰王国（荷兰）的一部分，位于现在比利时的北部，是面对斯特尔德河口的港口城市，作为16世纪的欧洲商业和金融中心繁荣起来。现在也作为聚集了世界钻石的古都而闻名。

英国的贸易商人将大量的羊毛和毛织物带到了安特卫普，将获得的货款购买昂贵的香料，再将这些香料带回到首都伦敦高额销售以获取利润。在安特卫普和伦敦之间的多次往返过程中，以贸易商人为中心的资本家和金融行业者，渐渐聚集于泰晤士河北岸的“the City”。当今作为世界金融街而闻名的“the City”的原型，也因此诞生。但是即便是继续发展以羊毛和毛织品为中心的出口贸易，英国充其量也不过就是个贫穷的二流国家，在西班牙和葡萄牙压倒性的经济实力面前，几乎束手无策。

除开经济上的困境，周边国家的政治威胁也日益迫近。天主教势力和基督新教势力的对立逐渐尖锐，天主教派盟主西班牙武力侵略英国的可能性日益鲜明，此外，法国企图利用苏格兰玛丽女王实现间接支配英国的野心也暴露出来。这两者都是天主教国家西班牙和法国企图包围基督新教国家英国的格局。

当时英国的人口是400万—450万（伦敦的人口是10万），而刚合并了葡萄牙的西班牙人口是1000万，法国是1600万。如果被迫应战西班牙和法国，谁都明白英国获胜的几率实在是微乎其微。

为了粉碎西班牙和法国的野心，英国无论如何也要尽快富强起来，还要具备强大的军事力量。面对国家的兴亡，英国毫无疑问需要富国强兵的政策。更重要的问题是如何来实现这个富国强兵的政策？英国通过摸索找寻能够尽快筹集资金、推进富国政策的途径，得到的最终结论就是，勇往直前地举国推进海盗行为，并且开拓不依赖毛织物的海外贸易之路。女王特别在筹集资金方面，对海盗表示出浓厚兴趣，下令在全国各地发掘有能力的海盗，并通过女王亲信组建海盗船队，在远洋航行上袭击西班牙和葡萄牙的船只。

袭击远洋航行的帆船，劫掠昂贵的货物，并将赃物带回到伦敦和安特卫普转卖，就可以立刻获取现金，这就是“海盗钱”。伊丽莎白女王逐渐将海盗们看作是利用价值极高的提款机。

利用“海盗钱”挤出国家预算

作为女王的提款机，伊丽莎白女王最信赖的海盗之一，是成功实现环球航海“世界周航（circumnavigation）”（1577—1580 年）的第一位英国人弗朗西斯·德雷克。女王宠爱德雷克的理由是他给女王和英国带来的巨额利益。当然，实现环球航海，本身也是一项伟业，但更重要的是成功收回了世界周航所花费的投资金，并获得了巨额的投资回报利益。

那么，德雷克到底给英国带回了多少资金呢？根据研究德雷克的文献进行计算的结果是，他一共带回了 60 万英镑，其中一半 30 万英镑进了女王的腰包。依据不同的文献，这个金额也会有些许出入，但当时英国的国家预算大概是 20 万英镑，也就是说德雷克将相当于三年国家预算规模的“海盗钱”带回了英国。

对于需要从安特卫普等地的海外金融商手里借款才能维持宫廷预算的女王来说，德雷克带来的“海盗钱”，意义非同寻常。倒卖海盗带回的赃物，获得利润来偿还借款，这无疑是一桩魔法般的炼金术。

进了女王腰包的 30 万英镑具体用于何处，没有留下记载，我们也无从得知。但回顾当时的状况，可以大致猜测到其去处。资金的大半用于偿还向安特卫普金融商的借款，剩余的资金部分用于宫廷支出，部分用作本书中后述的东方公司等从事海外贸易公司的成立资金。对于女王来说，“提款机”无疑是这些海盗，但女王也同时构筑了通过这些贸易公司来进行海外贸易，确保利润回收的体系。

后世英国作为贸易立国的经济基础，是由以德雷克为代表的海盗们所建立的，如果没有这些海盗们的暗中努力，英国王室的财政，甚至英国国家财政可能早就已经崩溃了。

国家英雄德雷克

作为帮助伊丽莎白女王治理国家的得力功臣，在德雷克的诞生地港口城市普利茅斯，面对着英吉利海峡的小山坡上有一个叫作“Hoe”的公园里，竖立着一尊德雷克的威武的铜像，右侧是一个地球仪。冬季来临之际，从海上吹来毫不留情的寒风，狂风夹杂着暴雨和雨夹雪，让人觉得身体也要冻僵了一般，连呼吸都很困难。不由联想到当年的德雷克也是战胜这样的寒冷狂风，才最终实现了环球航海。

德雷克作为代表16世纪的探险家、给伊丽莎白女王带来莫大财富的功臣，也作为成功领导击败西班牙无敌舰队海战的军人，在英国史上留名。而且被伊丽莎白女王利用作为激发民众情绪、激励民族主义的象征性人物，也是海盗德雷克。

德雷克率领的舰队旗舰鹈鹕号（pelican），在航海途中改名为金鹿号（golden hind）。据说女王授予“国家英雄”德雷克骑士称号的地方，不是在女王宫殿，而是在金鹿号的甲板上。复原了金鹿号的帆船展示在面朝着流淌于伦敦市内的泰晤士河的船坞里，紧邻着伦敦桥附近的萨瑟克大教堂，挤在高楼大厦中间，如果不注意看的话，几乎会错过。让人不由感叹当年德雷克竟然是靠这么个小小的帆船实现了环球航海。

德雷克出生在英国西南部德文郡一个叫克兰代尔（Crundale）的小村庄，家庭为贫苦农民家庭。沿着通往英国海盗大本营的普利茅斯街道，流淌着一条狭窄的塔比河，小船可以自由来往。虽然周围是一片静谧的田园风光，但在德雷克年幼时，天主教和基督新教之间的宗教对立严重，德雷克和基督新教徒的父亲一起离开了故乡，搬到了亲戚居住的普利茅斯城镇。这里提到的德雷克家的亲戚就是闻名遐迩的大海盗约翰·霍金斯家族。霍金斯一家被誉为伊丽莎白女王的金库管家，是“女王的海盗”，从女王父亲亨利八世时期开始就作为王室御用海盗，在普利茅斯一带暗地里有着极大的影响力。年幼的德雷克被寄养在这个海盗名门一族，在霍金斯家族的生活中，他渐渐掌握了航海术，为日后成为承担远洋航海重任的一流海盗，奠定了基础。

德雷克的过人之处在于他不仅是探险家，更在于他作为一名海盗的能力和业绩。谈到探险，听上去似乎很好听，但其目的终究是为了进行海盗行为，因此德雷克将目标设定在南美大陆沿岸。他献给女王的贡品，大多是掠夺来的赃物，主要是从西班牙船只夺取的金银财宝等。此外，在和西班牙无敌舰队海战时，德雷克动用的船只不仅仅是英国海军的帆船，还包括他们在大西洋上劫掠来的西班牙和葡萄牙的多艘船只。德雷克凭借出其不意的“火船攻击”和海盗们擅长的游击战术，取得了海战的胜利。可以说事实上，德雷克的环球航海并不是事先计划周到的成果，而是持续的海盗行为所成就的结果。

作为继指挥了西班牙舰队完成世界周航的麦哲伦（葡萄牙人）之后，成功实现环球航海的第二位伟人，德雷克留名史书。麦哲伦在发现了南美南端的麦哲伦海峡之后，乘季风横渡太平洋，在菲律宾的宿务岛附近（麦克坦岛）的海战中丧命，未能生还。麦哲伦死后，率领西班牙舰队实现了环球航海（1519—1522 年）的是他的部下，所以说其实麦哲伦本人并没有能够实现环球航海。这么说来，作为司令官全程指挥了环球航海，并最终无恙生还的德雷克，其实应该说是世界上第一位。虽说是在大航海时代，但在那个时代，实现航海世界一周的确不是一件轻而易举的事情。

实现环球航海，给伊丽莎白女王带来丰厚利益的德雷克，在 1581 年 4 月 4 日被授予骑士称号，从此被称为弗朗西斯 · 德雷克骑士。出身于海盗的骑士，就此诞生了。德雷克被授予骑士称号后，的确从属于社会特权阶层，但是他得到的不是世袭贵族称号，不过是仅限一代的称号。英国贵族的最高爵位是公爵（Duke），其次是侯爵（Marquis），接着是伯爵（Earl）和子爵（Viscount），最后是男爵（Baron）。这些贵族被称为世袭贵族（Peer）。而不属于世袭贵族归类的是准男爵（Baronet）和骑士（Knight）。即使是在击败西班牙无敌舰队之后，德雷克也没有能从女王陛下那里得到世袭贵族爵位的册封。对立下大功的海盗，可以封其为骑士，但不能随便让他加入到世袭贵族行列，这或许是女王政治上的判断。

因为伊丽莎白女王的介入，德雷克的环球航海被蒙上了一层神秘面纱，难以看清其全貌。虽然资料有限，但笔者尽量将残存的资料残片拼凑连接在一起，力图为大家再现当年德雷克环球航海的情形。因为只有这样，才能真正弄清楚 16 世纪英国的国家战略。

帆船的修理和病人的休养

在加勒比海和大西洋上，有一艘勇敢的海盗船，对西班牙的财宝船虎视眈眈。在大家的脑海里，浮现的可能是这样的一幕景象。其实这些不过是电视电影里的虚构场景，和事实大相径庭。16—17世纪期间，木制帆船非常的脆弱，在强风大浪的激荡下，船体容易变得松松垮垮，浸水也是家常便饭。一艘船单独远洋出海的话，实在是风险太大，下落不明的海盗船只不胜枚举。

德雷克航海舰队由5艘船只组成，作为主力的3艘船也不过是100—140吨，而满载着食品与药物的两艘辅助船也只有40吨左右，航海的速度并不快。航海舰队需要沿着季风流向航行，不能按照最短的航路航海。因为没有正确的航海图，船只不时会撞上暗礁，经常受损，这就需要中断航行修理帆船。

此外，船底会被大量的贝壳覆盖，使得船只前进的速度更加缓慢。为了定期清理打扫船底，航海舰队也需要中断航海清洗船底的时间。此外，食品和饮用水的储备不多，需要停靠世界各地的港口，定期补给食品和饮用水。饮用水很快就会腐败，而取代饮用水，红酒作为饮品备受珍视。航海舰队袭击葡萄牙船只的理由，不仅是为了珍贵的香料，也是为了掠夺大量的红酒。看有关海盗的影片，注定有海盗们酩酊大醉的镜头。在航海中，因为使用红酒代替了饮用水，使得多半的海盗都患上了酒精中毒。

密闭狭窄的船舱，长时间的航海，导致多数的船员因为热病、坏血病、痢疾和霍乱倒下丧命。影片中经常能看到海盗们在海战中死亡的镜头，但是相比在海战中死亡的人数，因为疾病死亡的海盗要多得多，半数以上的船员丧失性命的例子也不罕见。对于船长来说，船员们的健康管理极为重要，为了让船员好好休养保持健康，船长时不时需要中断航海。在风险极高的环球航海中，德雷克海盗舰队的生还率惊人，164 名船员中，有 100 名得以生还。

海盗都吃些什么

从携带上船的物品清单可以看出，长期的远洋航海需要周密的计划。以下，列举一部分携带物品的名称。

食品类，有饼干、小麦、红酒、牛肉、猪肉、鱼、牛油、奶酪、燕麦片、醋、蜂蜜等。此外还有木材、煤炭、蜡烛、蜡、提灯、皮革衣物、鞋、帽子、各类餐具等，种类繁多。肉类和鱼类都是用盐加工过可供储存的食品。

航海中为了获得新鲜的饮用水，不时也需要登上在海上发现的小岛。为此，登陆海岛用的小型船只也是不可或缺的，所以海盗舰队一般都在船尾拽着这样的小船。

当时的木制帆船船体非常的脆弱，需要频繁进行修理，一旦撞上暗礁，将无法修理，不得不放弃无法修理的帆船，改乘海盗舰队的其他船只。

确保财宝的运输途径

让我们来窥探一下德雷克在世界各地极尽劫掠之事的内容。主要是“金银”货币或“金银”条，此外还包括大量的砂糖和红酒。掠夺物品大多是从西班牙船只夺取的，但也包括部分葡萄牙船只的掠夺物。比如代替饮用水的红酒，就从葡萄牙船夺取了150樽。但并不是所有的物品都是劫掠而来的，也有记录表明他们在印度尼西亚的马鲁古群岛购买了6吨（也有3吨一说）的丁香。

当时德雷克舰队最大的目标是南美大陆陡峭的山岳地带里的波托西银山（在现今的玻利维亚）出产的“银”。当时白银作为通用货币在世界流通，可以说是征服了白银的人，就等于征服了世界。当时日本国内作为白银产地而闻名的岛根县石见银山，被认定为世界遗产的原因，也在于在16—17世纪生产了世界通用货币的那段历史。葡萄牙在东印度购买高级香料时，支付的货币就是银币。因此，1545年起开采的波托西银山，是西班牙国王财富的来源，银矿的位置和运输到西班牙的路线是绝对机密，被严格管理。而企图在这条运输路线打开突破口的人，正是德雷克。

从波托西银山运往西班牙的路线是这样的：先通过陆地运输到阿里卡（Arica）港口，再通过卡亚俄港口（秘鲁首都利马的外港，Callao）海运到巴拿马港口卸货，再由几百头骡马将白银从太平洋口岸驮到加勒比海岸，途经巴拿马地峡（Isthmus of Panama），最后通过帆船航运到西班牙殖民地古巴岛哈瓦那港（Habana）。一头骡马大约背负了100—150公斤的白银。西班牙将这些从南美和加勒比海采掘的金银，先集中到哈瓦那港口的仓库，接着组织大型的护送舰队，并由西班牙王室亲派的海军全程护卫至西班牙本土。可见在当时，白银是如何贵重了。

等西班牙的财宝运到古巴岛以后，英国就束手无策了。古巴的要塞久攻不破，连靠近都很困难。此外为了护卫金银运输，被派遣的西班牙海军护卫舰队定期往来于西班牙和古巴之间。

虽说是英国的海盗舰队，但他们并不具备袭击西班牙护卫舰队的力量。所以英国瞄准的对象，仅限于皇家护卫舰队以外的小型西班牙船。德雷克的海盗船在警备较为薄弱的运输路线上埋伏，游击突袭这些船只。

德雷克在环球航海出行的前几年，曾多次操纵小型帆船出海，收集加勒比海的西班牙殖民地的相关信息。为了大量掠夺世界通用货币“白银”，德雷克早早就看中了从出产白银的南美到西班牙的运输路线上的加勒比海。他预计只要充分了解加勒比海，就可以掌握满载着白银的西班牙船只的航海路线，从而得以高效率地袭击西班牙船只。

德雷克的舰队，朝西班牙“白银”运输路线的据点巴拿马，沿着南美大陆的太平洋海岸缓行北上，一边打探波托西银山周边沿岸的情况，一边随机袭击西班牙的“白银”运输船。作为史证，当时分布在加勒比海附近的西班牙殖民地寄往西班牙本土的受害情况报告书中，就经常汇报受到了德雷克指挥下的海盗船袭击的情况。

1579 年 3 月，经过赤道不远之处，德雷克一行发现了西班牙的大型运输船卡卡菲戈号，并成功夺取了大量的白银。但是，满载着银块的西班牙财宝船并不是偶然被发现的。通过袭击遍布于南美大陆太平洋沿岸的各处西班牙殖民地，德雷克获得了满载着白银 26 吨、黄金 80 镑的卡卡菲戈号刚刚向巴拿马扬帆出航的可靠消息。德雷克舰队顺势追击，在炮火攻击之后，成功地扣押了该船。

未曾计划的环球航海

德雷克在 1577 年 12 月从英国西南部的普利茅斯港口出航，经历了长达两年 10 个月的环球航海后，于 1580 年 9 月回到英国。也有文献记载为 11 月出发，其实两者都是正确的。因为德雷克的船队在 11 月出航后，被从英吉利海峡吹过来的冬季强风所扰，被迫返回普利茅斯港口等待了 1 个月。这确实是前途未卜的航海开端，但是在帆船航海时代，正如笔者前述，一切都需要依靠季风决定，被迫停留几个月的例子也不罕见。

德雷克的远洋航海路线是：普利茅斯港口出航——佛得角群岛（西非海上）——经过麦哲伦海峡（南美大陆南端）——从智利和秘鲁（太平洋沿岸）北上——巴拿马附近——旧金山附近（北美大陆）——横渡太平洋——菲律宾、印度尼西亚附近（东南亚）——横渡印度洋——好望角（非洲大陆南端）—— 从非洲大陆西岸附近北上大西洋——回到普利茅斯港口——这样一条向西转的环球航海路线。

从普利茅斯港口出航的德雷克舰队，没有在地中海停留，一路南下大西洋，紧贴着南美大陆东海岸前进，到达南端的麦哲伦海峡。历尽艰辛穿越麦哲伦海峡后，沿南美大陆的太平洋沿岸北上，途径巴拿马，到达南美大陆的旧金山附近。德雷克虽然有过在加勒比海航行的经验，但南下大西洋到达麦哲伦海峡也好，沿着南美大陆太平洋沿岸北上也好，都没有经验，都是第一次经历。

那么，为什么德雷克能够在没有经验的航海路线成功呢？其实德雷克舰队里有葡萄牙出身的领航员乘船带路，依赖那位领航船长携带的葡萄牙语、法语、英语三国语言纂写的地图，德雷克舰队成功地穿越了麦哲伦海峡，航海到达南美大陆。而在此次未知的航海中，决定其成功关键的岛屿，就是大西洋上的佛得角群岛。

从普利茅斯港口出航的德雷克，最初的目的地就是葡萄牙的属地佛得角群岛（位于西非海上，现在的塞内加尔首都达喀尔附近海面）。对于南下大西洋的帆船来说，佛得角群岛作为中转地而闻名，因为从事东印度贸易的葡萄牙船只也会停靠该口岸，是各种信息的汇聚地。特别是作为南美大陆航海的中转地和补给基地，佛得角群岛起着重要的作用。在这里，德雷克袭击了葡萄牙船，掠夺了大量的食品和红酒，扣押了葡萄牙船长和船员作为俘虏，将其编入德雷克舰队。他们作为德雷克的领航员，为德雷克实现环球航海做出了重大的贡献。

据现存的航海计划草案记载，德雷克原来并没有计划环球航海，而是在巴拿马附近劫掠从波托西银山挖掘出来的白银后，立刻按原路返回英国。但是回程经过麦哲伦海峡的旅途实在是太艰难了，德雷克决定不再穿越麦哲伦海峡。当时流传着从英国通往北极，有一条叫作西北航线（Northwest Passage）的路线存在，对于德雷克来说也是尝试这条未知的西北航线的绝佳机会。东印度的地理概念是从印度洋到太平洋的广阔海域，西北航线到达的终点当时预定为东南亚海域。但是因为预计天气将要恶化，取路西北航线的话，实在风险太大，德雷克不得不放弃了这条西北航线。

此外，促使德雷克放弃西北航线的决定性理由在于，葡萄牙的领航人带来的有关太平洋航线的得力信息。领航人的建议大获成功，德雷克舰队巧借季风（偏东风）横穿太平洋，航海至菲律宾南部的棉兰老岛（Mindanao Island）、印度尼西亚的马鲁古群岛（Maluku）、爪哇岛（Java）南部附近，成功穿过印度洋。史料证明在此期间，德雷克以“白银”为交易货币，在马鲁古群岛购买了大量的香料。这可以说是德雷克此行唯一的一次交易行为。

离开印度尼西亚，德雷克一行凭借强有力的季风推动，平安渡过印度洋，绕到非洲南部的好望角，接着一路北上大西洋，回到普利茅斯港。在那个时代，巴拿马运河和苏伊士运河都还没有开通，为了横穿南美和非洲大陆，必须经过这条艰辛的最南端航海路线。

辛迪加式海盗联合集团的黑幕

英国女王并没有独自组织此海盗舰队。虽然这是一个由女王主导的国家项目，但表面上采用的是由民间主导下成立辛迪加式联合集团，女王秘密参与的形式。辛迪加（Syndicate）是“联合组织”“出资者的集团”的意思。所以，女王只能说是海盗联合集团的幕后主导。

那么，为什么英国在组织这个海盗舰队时采用了辛迪加式联合集团的方式呢？因为，当时没能找到可以个人提供如此巨额资金的赞助商。赞助商以几人到几十人的规模提供资金，成立海盗辛迪加式联合集团，接着向德雷克等大海盗提议组成海盗舰队。相反，也有不少大海盗向赞助商建议成立海盗舰队的例子。出资方不必一定需要提供现金，也可以像伊丽莎白女王一样提供王室的帆船作为投资。而提供掠夺来的西班牙和葡萄牙的船只来作为资金的例子屡见不鲜，如果不能找到合适的帆船，也可以签约租借帆船，实在是无法调配到船只的情况下，才会不得已新造船只。最糟糕的选择，才是最花金钱和时间的造船。

德雷克的环球航海项目，也是以成立辛迪加式海盗联合集团为前提的计划。女王在1560年参加了一个从西非到加勒比海运输奴隶的辛迪加式联合集团。辛迪加联合集团方式已经是当时英国贸易活动中不可或缺的手法。以大规模的掠夺为目的，女王要求德雷克组织了好几个海盗舰队，但是为了准备帆船和船员，总是需要庞大的资金。每次为了组织海盗舰队，都需要先组织辛迪加式联合集团。海盗舰队的规模，一般是5—30艘船只，船员人数为150—2000名不等。德雷克指挥下的海盗舰队，每次根据其目的和规模不同，参加海盗联合集团投资者的人数也各不一样。

女王在参与海盗行为时，一般是直接口述给海盗舰队的指挥官，或者通过女王亲信也是首席秘书官（国务卿）沃尔辛厄姆转达，小心翼翼地不留下任何女王参与的痕迹。此外，英国对于相关信息的管理也十分小心，德雷克海盗舰队的164名船组人员中，只有德雷克一人知道远洋航海的真正目的和航海路线，并严守秘密。在秘密的面纱笼罩之下，德雷克的远洋航海可以说只有女王身边的极少数相关人员才了解真相。

即使海盗联合集团的航海行动以失败告终，女王也无须承担任何责任。所以就算海盗船被西班牙捕获，英国海盗们被逮捕，女王也可以一口否认和海盗的关系，隐瞒真相。就算船长和船员成为俘虏，英国也不会向西班牙要求释放俘虏，有船员负伤，女王也不会支付治疗费用。此外，即使西班牙和葡萄牙向英国严厉抗议，女王也绝不承认参与海盗行为，不忘在表面上假装和西班牙、葡萄牙维持友好关系。

正如前述，包括女王在内的联名出资者一览表奇迹般地保留下来，所以我们可以确认女王的参与。为从海盗联合集团获取巨额的收益，女王或是提供王室的船只，或是提供资金，积极参与海盗联合集团的航海事业，为积累财富而努力的情形，宛若就在眼前。

女王和海盗的联合集团

一心想要一举获千金的女王和宫廷亲信、贸易商、金融商等投资者，成为海盗联合集团组织的中心成员。这些投资者，还包括很多后来被称为冒险商人的海盗出身的贸易商人。虽然原则上尽量不留下任何表明伊丽莎白女王参与的文献，但在1929年大英博物馆史料室里，海盗联合集团的出资者名单被奇迹般地发现了。

被发现的机密文件是有关德雷克远洋航海的“计划草案”。因为火灾，文件的一部分被烧毁，但经过修复处理后，计划草案文件重现天日，通过文件确认有多名王室相关人员和财政界人士参与了德雷克的远洋航海计划。这个“计划草案”里记载了一部分个人的姓名，成为我们了解海盗联合集团实体的珍贵资料。

在“计划草案”里，记载了伊丽莎白女王的略称“女王陛下”（the Q.Mtie）。作为支持海盗联合集团的出资者，有详细出资金额记载的人物共有四名：德雷克（1000英镑）；威廉·温特（750英镑）；乔治·温特（500英镑）；约翰·霍金斯（500英镑）。此外，林肯、雷斯特、沃尔辛厄姆、哈顿等王室亲信，也作为出资者榜上有名，但出资额部分已被完全烧毁。出资1000英镑的德雷克的资金，是他的个人资金还是在德雷克的故乡普利茅斯筹集的资金总额，我们无从得知。但无论如何，德雷克当时具备筹集巨额资金实力一事是毋庸置疑的。

在名单里我们没有能找到剑桥大学毕业的高才生，也是女王亲信首席秘书（伯利勋爵）威廉·塞西尔的名字，其原因众说纷纭。其中有力的一个解释是，因为处于需要避免和西班牙提早开战的立场，威廉没有积极参与德雷克的海盗舰队计划。从资料可以看出德雷克的海盗舰队得到以女王为首的王室亲信们的积极出资，确实可以称为国家总动员的一大项目。

西班牙的间谍活动

如果说英国是操纵海盗的掠夺者的话，最大的受害者便是西班牙。在大西洋和加勒比海，因英国海盗劫掠受到的损失日趋严重，西班牙早就将德雷克作为特别警惕的人物对待。德雷克的据点是英国西南部的普利茅斯港，这里也是英国海盗的最大据点，西班牙派遣精锐的间谍人员，随时监视出入该港口的帆船动向。当时收集英国海盗相关信息的最前沿，就是在普利茅斯港口。

西班牙确信只要普利茅斯港口一有大型舰队出海，就有可能在海上摇身一变成为海盗舰队，几个月后在大西洋和加勒比海的西班牙船只就可能成为英国海盗们的战利品。所以，西班牙下了大功夫在英国收集相关信息。特别是存在德雷克一有动静，西班牙船只就逐一被有组织的海盗袭击、劫掠的前例，对于德雷克的信息收集就成为最重要的部分。

16 世纪的公函文献，记载了西班牙政府派遣了精锐间谍前往英国各地，负责收集信息。西班牙公函的一部分被史学家译成英文，使得我们可以通过英文文献间接接触到西班牙的第一手资料。

在当时，西班牙王室集中精力监视英国的政治、军事、经济动向，对女王的一举一动全力以赴进行信息收集和形势分析。比如当时在伦敦的西班牙大使门多萨，就和女王的周边人物保持着密切关系，将有能力的西班牙间谍派遣到英国各地，收集最新信息，并将分析报告寄给西班牙国王菲利普二世。

门多萨大使寄给西班牙国王的书信（1585 年 2 月 22 日），汇报了间谍活动的成果，明确写到女王出资 20000 英镑参与组织德雷克舰队，而其他的出资者出资比女王要少一些，舰队船员一共是 2000 人，其目的是袭击和掠夺西班牙的财宝船。此外还有写到德雷克舰队不可或缺的主力帆船，现在正处于修理中的地点。门多萨大使明确写到了当时被视为国家机密的女王出资金额，足以证明他在女王身边安插了可靠的眼线。在德雷克出袭加勒比海半年以后，证明了门多萨的形势分析报告是正确的。

对西班牙进行信息操纵

英国方面也在充分了解西班牙间谍常驻英国的情况下，设法采取对策。对于这些间谍来说，最大的目的是想打探到德雷克的目的地。是出产大量白银的南美？向西班牙运输白银的中转据点加勒比海？西班牙船只为了补给而停靠的大西洋岛屿？还是和中东、亚洲等地贸易往来频繁的地中海？如果能得知德雷克的目的地，就可以加强相关海域的防卫措施，尽可能降低西班牙船只的受害程度。

英国为了不让西班牙的间谍了解到德雷克的目的地，想方设法对信息进行监控，就连德雷克海盗舰队的船员们不到最后也不知道目的地是哪里。同时巧妙地传出谣言称德雷克为了在地中海进行贸易，打算去亚历山大港（埃及）。情报战让西班牙方面陷入混乱。这些谣言也不是大范围的散布，而是通过极少数的信息源秘密地散布，从而提高假信息的可信度。西班牙被这些假消息所迷惑，一直到最后也没能察觉到德雷克原来竟然是打算在太平洋沿岸掠夺南美波托西银山产出的大量白银。

踏上探险之旅的海盗

伊丽莎白女王在世的16世纪，是一个诞生了诸多驾船踏上未知的远洋航海之旅的英国冒险家和探险家的时代。

伊丽莎白女王时代活跃的大海盗不只是德雷克一人。比如有被德雷克的环球航海所激励鼓舞的海盗托马斯·卡文迪什，在他26岁的时候，就率领3艘航海帆船，成为实现环球航海（1586—1588年）的世界第三人，并被女王授予骑士称号。还有虽没能实现环球航海，但进军东印度的爱德华·芬顿（1582年航海），摸索从麦哲伦海峡到太平洋航路的约翰·奇德利（1589年航海）和查德·霍金斯（1594年航海）等被誉为“女王陛下的海盗们”，都逐一踏上了冒险和探险的海上之旅。所以，在当时被誉为探险家的英国人，可以说毫无疑问都是海盗。如果没有掠夺巨额价值商品的实际利益的诱惑，单靠纯粹的冒险或探险的心理，实在是难以冒生命危险踏上远洋航海之路。在女王的庇护下，梦想一夜间成为百万富翁的探险家们一个接一个地登场，又化为海上的泡沫消失无影。

西班牙人、葡萄牙人、威尼斯人、热那亚人、法国人、荷兰人都争先恐后出发远洋航海，开拓“大航海时代”的背景下，英国人也向广阔的海洋寻求出路。但需要特别提到的是，谈到所谓的出路时，欧洲大陆诸国是以贸易为主要目的，而英国人却是以进行海盗活动为目的。16 世纪的英国经济成长的原动力，是以海盗行为作为主要的发动机，贸易手段不过是辅助的引擎而已。虽然已经形成了建立东印度公司、东方公司等专门从事海外贸易的公司的良好形势，但是以当时的状况，单靠贸易终究难以实现富国强兵。英国以贸易立国成为世界经济强国是在 18—19 世纪，在此之前的 200 年左右，英国不得不依靠“海盗钱”为生。

变质为战争机器

“女王陛下的海盗们”作为女王的提款机，扮演了重要的角色，但在 1585 年左右，面临和西班牙的战争，海盗们的作用开始发生变化，他们又肩负起作为战争机器的新任务。

完成了环球航海伟业的德雷克，被推崇为国家英雄，在 1582 年就任普利茅斯市市长，尽享社会名誉。此后德雷克也被给予了各种任务，在加勒比海的掠夺之战（1585 年 9 月至 1586 年 7 月）中，德雷克偷袭西班牙的卡迪兹港并抢走了西班牙国王的王室船只（1587 年 4—6 月），和西班牙的无敌舰队会战（1588 年 7—8 月），并就任出征伊比利亚半岛（1589 年）的司令官等。除开就任普利茅斯市市长一职以外，其他都是伊丽莎白女王下的命令。

在此期间，德雷克的妻子玛丽 · 纽曼去世（1583 年），两年后德雷克和当地权势之女伊丽莎白 · 西德纳姆（20 岁）再婚，于公于私都异常繁忙。德雷克再婚的对象是当时被称为“绅士”的大地主之女，也是当地名门萨默塞特一族的继承人，从现存的肖像画上来看，还是一位容貌端庄的女性，对德雷克来说无疑是如同奖杯一般的妻子（trophy wife）。大海盗头领和上流社会小姐的联姻，也是一件足够证明德雷克被打造为英国国家英雄的逸事。

为了夺取西班牙的财宝，英国举国准备迎战大国西班牙，女王积极动用了包括德雷克在内的大批海盗，并且通过将海盗塑造成国家英雄来膜拜，获得了民心，为成功达到调配资金和战争获胜这两个国家运营双翼的目的，创造了有利的形势。女王对形势极其重要的判断，使得海盗们不仅成为收集金银财宝的机器，也担负起了战争机器的重任。这就是海盗的质的蜕变。

第二章

海洋霸权的去向——英国、西班牙、荷兰、法国的战争

弗朗西斯·沃尔辛厄姆作为女王的“喉舌”，创建了英国间谍组织的雏形，他扮演了伊丽莎白女王的“眼线”角色。

作为胜利主角的海盗

三个战术——游击战、间谍战、海盗战术

作为代表伊丽莎白女王时代的战争，我们必然联想起的是和西班牙“无敌舰队”的海战。和无敌舰队作战的1588年7月28—29日，成为英国战胜大国西班牙的纪念日，永垂史册。

这场战争的历史意义在于它成为西班牙转向没落的转折点，而英国则在18—19世纪建立了大英帝国，成为构筑Pax Britannica（英国强权繁荣时代）的出发点。

这场战争被称为伊丽莎白女王和西班牙国王菲利普二世之间的激烈决战，而实际上带给英国胜利的英雄是以德雷克和霍金斯为首的海盗们。如果没有海盗们的密谋和参与，英国想必根本不可能在和西班牙无敌舰队的一战中获胜。当时，小岛国英国和大国西班牙的国力差距之大显而易见，就算是再怎么努力，英国也没有胜算。单纯从人口规模上来看，西班牙、葡萄牙联合的人口是1000万，而英国仅仅为400万—450万，人口比例为2∶1，差距极大。如果和西

班牙免不了一战的话，那么英国就需要考虑如何来打一场符合其国家实力的战争。

女王和其亲信深思熟虑后，终于总结出三个战术——游击战、间谍战和海盗作战。通过将这三个战术巧妙地结合在一起，英国在与无敌舰队的一战中获胜。而这三个战术，海盗都参与其中。

翻开描述了英国海军和西班牙无敌舰队海战的书籍，其描述大都是仿佛当时只是展开了一场海战似的。实际上并不是只有一场海战，两国在 15 年之间一共进行了五场海战：第一次（1588 年）、第二次（1596 年）、第三次（1597 年）、第四次（1599 年）、第五次（1601 年）。虽然西班牙一次也没有能够取胜，但是海战本身其实也没有大败。被无法控制的强风和大自然的威力所摆弄，使得西班牙舰队走上了自我毁灭的道路，这样说的话，更符合事实真相。而英国战胜无敌舰队的海战，指的是海盗们起了主导作用的第一次海战。

两国在 1604 年缔结了和平条约，终于结束了这场长久的战争。而给这场战争画上终止符的最大契机就是伊丽莎白女王的辞世和苏格兰出身的接班人詹姆斯一世（兼任苏格兰国王詹姆斯六世）国王继位。当时，正好是日本江户幕府诞生的时代。

以下，笔者将通过几个不同的着眼点聚焦第一次海战，揭秘海盗们的援助为英国的胜利做出了怎样的贡献。

火船攻击

1588 年 7 月末，在多佛尔海峡附近的法国加来海上，英国海军正式和西班牙无敌舰队交火，紧接着在格瑞福兰海面上继续战斗，英国方面最终取得了胜利。大国西班牙投入了以最新式大型帆船

（盖伦号）为主力的一共130艘帆船构成的精锐舰队，而迎击的英国海军却是一派寒酸景象。

翻开史书，上面写着英国海军动员了200艘帆船准备和西班牙舰队决一死战，但是仔细推敲其内容，不过是从四面八方搜集动员来的破烂的老式帆船，实在是难以和威风凛凛的西班牙舰队相提并论。英国将海盗们从西班牙和葡萄牙抢夺来的帆船也编入了英国海军的队伍，所以不是所有的帆船都是派不上用场的家伙，但大多船只的确都是不适合战争的破烂帆船。如果白天从正面挑战白刃战的话，毫无疑问英国必败无疑。那么在海军实力悬殊之下，英国又是如何战胜了无敌舰队的呢？

关键在于“火船攻击”的游击战。被称为“火攻船”的火船（fire ship）指的是满载着火药或可燃物（牛油、油脂），由船员放火烧成火球一般的帆船。船员们在海上点燃烈火后，纵身跳海逃离，而无人的火船则借强风相助，闯入无敌舰队，爆炸引燃敌方舰队帆船，这个战术称为“火船攻击”。为此英国舰队需要面朝敌人阵营，站在风向之上，不巧借顺风的话，就不能实现火船攻击。多佛尔海峡和英吉利海峡，一年到头都吹着强有力的季风，所以英国考虑只要抓住机会，就可以实现火船攻击。

火船攻击的优点是人员损害少，而且又能搅乱敌人舰队阵脚，是一个效率高而且成本低廉的战术。英国以往也有过对停泊在港湾的帆船，用小船进行火攻的前例。但英国这次将中型的帆船用作火船攻击，并且集中在夜间出击，从而大大地搅乱了西班牙的阵脚。从骑士或者武士道的精神来说，这无疑是小人之举，但对当时的英国来说，哪怕牺牲骑士精神，获胜也比什么都重要。

火船攻击的提议者，众说纷纭。有人说是海盗弗兰西斯·德雷克，或是约翰·霍金斯，甚至还有海军将领威廉·温特。所谓的海军将领，其本质也是海盗，是多年来和德雷克、霍金斯一起从事劫掠行为的海盗集团的一员。因为从西班牙劫掠了很多的财宝，后来温特也被女王授予了骑士称号。

最有力的说法是，海军将领温特提议用火船进攻，大海盗德雷克和霍金斯也同意这一提议，并将自己所有的船只作为火船贡献出来。而实际上真正进行火船攻击的是德雷克和霍金斯的手下——那些无名的海盗们。

德雷克和霍金斯用 8 艘火船，攻击敌人阵营，闯入以巨大的新月形队形而闻名的无敌舰队，引爆船只，让西班牙舰队陷入混乱。英国海军抓住多佛尔海峡的强风吹乱海面的大好时机，用火船一举出击。西班牙舰队因为受天气恶化影响，在加来海面上抛锚，他们细心地将 130 艘帆船用缆绳捆绑在一起，使得在强风大浪下也能保持舰队的新月形队形。以日落后漆黑一片的海面为舞台，英国海军用火船强行进攻，让西班牙舰队胆战心惊。

被偷袭后的西班牙舰队陷入一片混乱，连将沉重的锚拉起的余力都没有，直接砍断了连接铁锚的绳索，并解开连接了 130 艘帆船的结实缆绳，向四面八方慌忙逃窜。再赶上一阵强风乱吹，象征着无敌舰队的美丽的新月形队形，也瞬间崩溃了。

恐怖的夜间海战结束后的第二天，即 1588 年 7 月 29 日西班牙终于可以准备重整阵容。但英国海军派出小巧灵活的中小型帆船，一边包围西班牙舰队，一边继续攻击。西班牙的帆船，也一艘接一艘地成为他们的牺牲品。无敌舰队的阵形大乱，命令指挥系统完全起不了作用。本来，西班牙舰队打算在法国沿岸的加来港口暂且避难，但是倒霉的是又遇上了逆风，被从背后追击的英国海军挡住去路，不能动弹。结果被强风恶浪影响，剩余西班牙船只漂流到苏格兰附近，途经爱尔兰海面才得以重返西班牙本土。

碰巧遇上的恶劣天气，遇难和触礁的帆船此起彼伏，而幸运登上爱尔兰陆地的无敌舰队的船员们，等待他们的也是被英国守卫队逮捕和处刑的命运。

回到西班牙的帆船一共是 86 艘，共计丧失了 44 艘船只。而实际和英国海军交战损失的帆船不过 9 艘，大多数损失的帆船是受恶劣天气摆弄而触礁，或遇难或下落不明。无敌舰队就这样惨不忍睹地走上了可悲的末路。

海盗和皇家海军的联合舰队

游击战的先锋是海盗，在现场实际操纵火船进攻无敌舰队的也都是海盗们。这些海盗被编入女王的皇家海军，形式上成为皇家海军的一员。

英国皇家海军规模甚小，完全不具备单独和西班牙无敌舰队开战的实力。所以女王在无敌舰队进攻之前，将海盗和皇家海军编制为联合舰队，动员德雷克、霍金斯等大海盗们，准备周全，就这样英国海军的实力得到飞跃性的提高。德雷克、霍金斯等大海盗和女王的皇家海军携手组成联合舰队，联合舰队的指挥也是由海盗和皇家海军统一发号指令，海盗和皇家海军融为一体。

德雷克和霍金斯指挥的海盗船，曾多次袭击西班牙的财宝船和武装商船，某种意义上，具备极为丰富的实战经验。也正是因为有这些海盗们的协助，英国才能和西班牙正式开战。

伊丽莎白女王构想的联合舰队是以下的两种形式：

（1）让皇家海军加入海盗舰队的方式——女王曾经多次

让英国的海陆军加入德雷克的海盗舰队。女王作为背后黑幕参与德雷克海盗舰队时，都是采用让海陆军士兵加入海盗舰队的形式。

（2）让海盗舰队加入皇家海军的方式——在和无敌舰队交战时，女王采用了让海盗舰队加入皇家海军的方式。这样，由海盗舰队加入皇家海军形成的联合舰队，初次在英国诞生了。

德雷克等海盗曾经攻击过加勒比海的西班牙殖民地，但是只不过是以海盗为中心的非正规海战。在和无敌舰队战斗的前夕，英国第一次采用了以皇家海军为中心、海盗舰队也正式参与其中的作战方针。这是海盗和皇家海军的主客颠倒的瞬间。

虽说是联合舰队，但如果指挥命令系统一片混乱的话，那也没有任何意义。因此伊丽莎白女王就任命司令官一事，想了一条计策。女王任命皇家海军的查尔斯·霍华德海军将领为总司令官，而任命德雷克、霍金斯、马丁·弗罗比歇为副总司令。女王的亲信们担心德雷克会有抵触心理，导致两名司令官对立的状况，但事实上德雷克很给霍华德总司令面子，留下了携手合作的佳话。霍华德只负责指挥皇家海军，避免了对海盗舰队的介入，而德雷克也专心运营他们的海盗舰队。

作为统一国家鼓舞国民爱国热情的手段，往往需要英雄的出现。而被英国王室和政府打造为国家英雄的人物，便是德雷克，而德雷克的偶像化也就从这个时代开始了。

现实的海战中，担任协调皇家海军和海盗舰队两个不同指挥系统重任的人物，是擅长协调交涉的霍金斯。霍金斯成功地协调了海盗和皇家海军两者的合作关系，组建了伊丽莎白女王的联合舰队，并且动员了大海盗船“皇家方舟”率先攻击无敌舰队。为了赞誉他的功绩，霍金斯被总司令官授予骑士称号。在20世纪作为英国海军的航空母舰活跃在海上的“皇家方舟”的名字，就是来自因为和无敌舰队的海战而驰名的这艘海盗船。

和无敌舰队之战——间谍战

间谍的情报收集

英国战胜无敌舰队的第二个原因，在于通过间谍进行周到的情报收集（智能战）。伊丽莎白女王动员身边的亲信和海盗们，对西班牙的情报进行了周到的收集。正因为有对西班牙相关的政治、军事情报进行广范围收集，多年积累的成果，英国才得以掌握无敌舰队的出港和航海路线，熟知其弱点，最后成功迎击无敌舰队。这让我们重新认识到，国家的安全保障的大前提，正是情报收集。

为女王服务的亲信里，片刻不离开女王的秘书长官（国务卿）弗兰西斯·沃尔辛厄姆，是一位创建了英国间谍组织雏形的充满传奇色彩的人物。他扮演了伊丽莎白女王的“眼线”角色。沃尔辛厄姆作为女王亲信，精通国内外的敌对势力的动向，并充分认识到间谍活动的重要性。与此同时，德雷克以劫掠为目的，在加勒比海等西班牙殖民地安置了多名眼线，他们也被利用于英国的情报收集。擅长陆上情报收集的沃尔辛厄姆与擅长海上信息收集的德雷克和霍金斯强强联手，共同有力地推进了英国对敌国西班牙的综合间谍活动。

接下来让我们来追踪一下陆上间谍作战中心人物——沃尔辛厄

姆的具体间谍活动。在研究其具体间谍活动内容之前，在这里我先列举一下被提供给伊丽莎白女王和其亲信收集到的情报项目：

- 西班牙国王菲利普二世在宫廷内的发言；
- 西班牙无敌舰队的编制状况和司令官的人事变动；
- 伊比利亚半岛沿岸的防卫体制；
- 西班牙和地中海诸国的军事协力关系；
- 驻留荷兰和比利时的西班牙派遣部队的动向；
- 对西班牙从热那亚的金融业者筹备的资金的把握（开战的储备金）；
- 发现西班牙和法国向英国本土委派的间谍与双重间谍；
- 有关伊丽莎白女王暗杀计划的情报；
- 苏格兰的玛丽女王对暗杀英国女王计划的参与；
- 玛丽女王的亲信和侍从的动向；
- 揭发援助玛丽女王的内外联络人员网；
- 解读玛丽女王收发的暗号信件；
- 对国内天主教徒的把握并制作各个村落的居住地图；
- 居住在法国和荷兰的基督新教徒的受迫害状况。

间谍组织的诞生

英国间谍组织诞生于1573年，是在1558年伊丽莎白女王时代开启的15年之后。这个还不能称其为行政组织的间谍机关，实际上是由某一位人物建立起国内外的间谍联络网，并开始对间谍获得的情报进行有组织性地收集和分析。

女王的亲信弗兰西斯·沃尔辛厄姆，在1573年12月被提拔为机密顾问官，同时被任命为秘书长官（国务卿）。作为秘书长官，沃尔辛厄姆最重要的任务是将国内外形势，特别是有关国防和治安方面的最新情报汇报给女王。在他就任秘书长官的第四年即1577年的12月，沃尔辛厄姆在温莎城堡被女王授予骑士称号，成为沃尔辛厄姆爵士。因为此人物的登场，女王一派得以对国内乃至欧洲大陆的动向都能事无巨细地一一悉知，并成为伊丽莎白女王一派长期执政的原动力。

据说在极盛期，沃尔辛厄姆在英国国内拥有100名以上间谍，向海外的欧洲大陆也派遣了至少71名间谍。沃尔辛厄姆研究学者罗伯特·哈钦森指出，最多时在法国国内有12处安置了间谍的据点，此外还有德国9处、西班牙4处、意大利4处、荷兰3处等，欧洲各国的主要城市和港湾都有精锐的英国间谍人员常驻，他们将各国形势变化逐一整理汇报给沃尔辛厄姆。

安插在欧洲大陆的大间谍以恶劣货币驱逐优良货币的“格勒善法则”（Gresham’s law）发言而著称，被誉为女王金库管家的托马斯·格雷沙姆也包含在内。和沃尔辛厄姆一样，格雷沙姆也是剑桥大学的毕业生。因此包括在校学生在内的剑桥大学毕业生联络网，在此时起了关键性的作用。

格雷沙姆从父亲一代起就为英国王室效命，对英国被欧洲大陆贸易商人所支配的情形满怀危机感，想要发展英国人的国际贸易。他以安特卫普港口交易所作为参考，为在伦敦开始贸易商品交易，设立了皇家交易所（Royal Exchange，女王在1571年赐予其“Royal”的皇家称号后，被称为皇家交易所）。此外，格雷沙姆还创建了格雷沙姆学院，为培养贸易商人尽心尽力。通过格雷沙姆的活动，我们可以看到在英国的土壤里，国家利益这一思想得以萌芽。

同时，他还在奥斯曼帝国的沿海城市，派遣间谍常驻收集情报，构筑了俯瞰欧洲到奥斯曼帝国的广阔情报网。间谍们的任务不仅仅是收集情报，也在资金上援助法国、德国、荷兰的基督新教徒势力，充当资金渠道作用的间谍也很多。

剑桥大学和间谍组织

间谍的种类繁多，有收集情报的专业集团；有从事恐怖破坏活动的组织；也有提供资金的代理人、解读暗号的专家、专门开启邮件的专家等。各种资质的间谍被长期雇用。沃尔辛厄姆构建了高额购买优良情报的系统，因此国内外大量可信度高的情报，纷纷汇总到他的手里。

收买西班牙派遣到英国的间谍，让其充当双重间谍，反而获取西班牙情报的例子也屡见不鲜。此外，沃尔辛厄姆还成功地收买了西班牙国王的亲信以及身边人员，获得被视为机密的西班牙情报，来寻找攻击西班牙无敌舰队的最佳时机。为了正确地把握敌对势力的动向，沃尔辛厄姆还在运输途中偷取对方信件，不露痕迹地打开信封，解读信件内容的暗号。间谍需要掌握这些高难度的智能工作，而沃尔辛厄姆早在 16 世纪，就已将这一套间谍系统确立下来。

沃尔辛厄姆还雇用了剑桥大学的在校生充当间谍，除开大力采用精通法语、德语、意大利语、西班牙语、拉丁语的多种语言的智囊，还在各个领域不惜余力发掘人才。沃尔辛厄姆本身也是剑桥大学毕业的高才生，在剑桥学者和在校生内拥有强大联络网的条件也大为奏效。1550 年从剑桥毕业后，沃尔辛厄姆前往欧洲大陆，通过在法国和意大利的游学，学会了法语、意大利语、西班牙语、拉丁语，此外在游学时代结交的欧洲大陆的广泛人脉，也为其日后建立间谍组织起了很大的作用。

和莎士比亚生活在同一个时代，代表伊丽莎白王朝的诗人兼剧作家克里斯托弗·马洛，就是在剑桥大学的学生时代被雇用的一流间谍。马洛的父亲是一名在坎特伯雷做鞋的工匠，完全不具备供儿子上高等学府的财力，但是马洛因为学习成绩优良，被选为奖学金学生，获得就读剑桥大学的机会。在校时，他在剑桥的基督圣体学院（Corpus Christi College）学习文学，并于1584年获得学士学位后，接着就读硕士。此时，间谍组织头目沃尔辛厄姆登场了。没有经济援助就无法继续学业的马洛，接受了沃尔辛厄姆提供的资金援助，升学就读硕士。在硕士第三年即1586年，马洛在法国首都巴黎和兰斯逗留过一段时间。当时英国已经进入和西班牙的开战准备阶段，我们可以猜测到密切关注法国天主教势力的动向并提供最新情报，想必就是马洛被委派的任务。

对于马洛赴法的理由并不知情的大学当局，以他长期缺课为由，打算中止授予他硕士学位。但是枢密院在1587年6月直接给剑桥大学发了一封信函，信中写道，“马洛为女王陛下做出了极大的贡献，其诚挚的行为理应得到回报”。因为枢密院的政治介入，剑桥大学最终授予了马洛硕士学位。枢密院为了区区一个硕士学位授予而不惜政治介入，这是前所未闻的事情。这足可以说明马洛为国家肩负了多么重要的使命。

马洛不仅仅是著名的剧作家，也是女王的咨询机关枢密院的成员，特别是作为沃尔辛厄姆等亲信的一流间谍的身份，从其学位授予的小插曲上可以窥探出来。马洛留下不朽作品的时期，是其获得硕士学位起至年仅29岁与世长辞的短短6年期间。我们不能否定这段时期里，他也从沃尔辛厄姆为代表的女王亲信集团获得资金援助的可能性。

间谍的预算

沃尔辛厄姆在就任秘书长官时，从上司贝勒爵士那里接手了一个小规模的间谍集团。但这个间谍集团根本谈不上是一个组织，所以沃尔辛厄姆对其大力整顿改革。在秘书长官就任初期，沃尔辛厄姆还没有获得明确的预算，间谍任务艰巨，但根本没有预算的支持。沃尔辛厄姆极力向女王倾诉英国内外局势的恶化，为确保间谍预算而上下奔走，使得每年预算渐渐有所增加。

间谍组织的年度预算也根据当时内外局势的变化而大幅度的变动，1582 年 7 月支付的 1582—1583 年度预算额为 750 英镑，仅占国家预算的 0.4%。而且政府还没有能力一次付清，一共分为 4 次分期支付给沃尔辛厄姆。再看此后的预算，1583—1584 年度是 800 英镑，1585—1586 年度也是 800 英镑，1586—1587 年度提高到 1100 英镑。随着英国和西班牙无敌舰队的决战日期的临近，预算也倍增，1587—1588 年度是 2000 英镑；而决战当年 1588—1589 年度预算竟是 30000 英镑，涨到前一年的 15 倍之多。和 1582 年的年度预算比较，可以说国家预算的 15% 都用于了收集情报。这也让我们充分体会到在战争来临之前，情报收集多么重要。英国外交的智慧和精髓，在这里可以得到答案。

个人的负担和炼金术

沃尔辛厄姆在就任秘书长官之前的职务是英国在巴黎市内办事处的驻法大使一职。住宅兼大使馆的租金和生活费昂贵，光靠英国政府支付的大使馆费用不能足够付清这些开销，据说沃尔辛厄姆还变卖他在英国国内的个人私有土地，来补贴大使馆的支出。

在寄给上司贝勒的私人信件里，沃尔辛厄姆迫切地倾诉了大使馆费用捉襟见肘的窘境，从此也可以窥视出当时英国政府的贫穷状况。沃尔辛厄姆大使离任，回国担任秘书长官后，又因为没有成立间谍组织的经费，结果他还是不得不投入私人财产来补贴。

沃尔辛厄姆为服务女王，在伦敦市内拥有一栋住宅，但在泰晤士河靠近上游附近还拥有一栋房子，在那里也保持着随时可以办公的状态。为了能紧急联络安插在英国各地的间谍们，这两栋房子里都养了多匹骏马。最盛时期，沃尔辛厄姆在伦敦市内住宅备有 23 匹骏马，此外为应付紧急情况，和英国各地同时取得联络，郊外的宅院也备有 68 匹骏马随时待命。郊外住宅正面对泰晤士河，他还可以随时通过小型船只奔赴泰晤士河上游里士满（Richmond）的女王城堡和下游的伦敦市区和格林尼治城堡，构筑了万全的体制来确保和女王的密切沟通。而这些费用都不是国家预算，全是沃尔辛厄姆个人承担费用，可见他对女王是非同一般地忠心耿耿。

那么，沃尔辛厄姆的个人财富又是如何积累的呢？这里我们可以找到伊丽莎白时代，为女王服务的亲信们的共同之处，那就是和大海盗们的交易。他们和大海盗们勾结在一起，共同组建海盗舰队偷袭西班牙的财宝船，或和海盗们共同投资“冒险商人”的联合集团，通过策划海外贸易来聚财。这就是女王亲信们的炼金术。

此外，沃尔辛厄姆还管理进出伦敦泰晤士河的贸易船只，一手掌权，可以随时检查停靠船舶，并且征收关税。作为港湾管理和海关的负责人，沃尔辛厄姆可以获得高额的手续费用。这一职务，毫无疑问为实地检举从法国和西班牙派来的天主教传教士发挥了作用，同时也给沃尔辛厄姆带来了职务上的特权，成为其强有力的资金来源。

没有资料显示沃尔辛厄姆实际上从贸易船到底获得了多少贿赂和手续费，我们也无法折算出其金额。但是，可以确定足够支出他在伦敦市内和郊外拥有两处宅邸，雇用众多的佣人，养近 100 匹骏马的费用。如果不是这样的话，想必沃尔辛厄姆也不可能组织并完善如此稠密的间谍网络。

有关无敌舰队的情报收集

随着西班牙国内反英情绪的高涨，沃尔辛厄姆最大的任务是，打探出无敌舰队是否会攻击英国本土，如果会的话，是在什么时候。因此，英国派出间谍驻扎西班牙各地，在西班牙国王菲利普二世身边确立情报渠道，竭尽全力去了解最新的政治、军事动向。

英国间谍将西班牙国王正在摸索入侵英国作战方针的机密消息传来后，伊丽莎白女王决定发动先行攻击来削弱西班牙海军的战斗能力，同时采用综合对策，大量抓捕破坏西班牙商船，损害其经济活动，以削弱西班牙的实力。其中包括以资金援助在西班牙属地荷兰活动的新教徒们摆脱西班牙建设独立国家的独立运动，甚至派兵进行军事援助。

英国得到可靠的军事情报，驻留荷兰的帕尔马（尼德兰王国总督）指挥的西班牙精锐部队，正在窥探汇合无敌舰队的机会。据说是和德雷克齐名的大海盗霍金斯，从敌军的俘虏和派驻欧洲大陆的间谍口中得到了有关帕尔马动向的可靠消息。同时也了解到英国本土的登陆作战，帕尔马的精锐部队是主力，无敌舰队只是起辅助作用。那么不让帕尔马的主力部队和无敌舰队会师，火船攻击无敌舰队搅乱阵脚，就可以创造对英国有利的战况。正因为有这些智囊的存在，英国才能够正确分析西班牙的兵力配置状况，有利引导了对战西班牙。

密切监视地中海沿岸

获得灵敏度高的情报，是间谍战的精髓。沃尔辛厄姆通过海盗，比任何人都更早接触到第一手信息。驻扎在地中海沿岸各国港湾城市的间谍里，隶属于霍金斯手下的海盗和被称为冒险商人从事贸易业的海盗集团，占了多数。沃尔辛厄姆平时和大海盗们加深往来，特别是和霍金斯关系密切。沃尔辛厄姆通过海盗方面的间谍，得到有关西班牙无敌舰队动向的详细汇报，基本上正确地把握了西班牙派遣无敌舰队的时机。

如上所述，派遣间谍数目明显居多的是法国。他们除了打探苏格兰女王玛丽（已故法国国王之妻）的支持者或间谍，还肩负着资金援助法国国内受迫害的基督新教徒等诸多的任务，活动范围涉及多方面。

相反，既然英国已经预计会和无敌舰队决一死战，那么在西班牙的 4 处间谍据点貌似太少。其实不然，无敌舰队是从地中海沿海的天主教诸国动员来的混合部队，并不是西班牙一国组成的队伍，所以英国在意大利也安插了不少的间谍。安插在意大利的 4 处间谍据点，除了要盯紧对西班牙的援助动向，同时还肩负着观察天主教教会最高峰罗马教皇动静的任务。为组织无敌舰队，西班牙除了需要意大利提供船只，还有可能和意大利热那亚的金融机关签署军用资金的贷款协议，所以对沃尔辛厄姆来说，意大利和西班牙并列成为需要密切注意的国家。

打探无敌舰队的弱点

西班牙的无敌舰队，因为其构造本身就有众多的问题，可以说存在自行毁灭的因素。西班牙无敌舰队难以忘怀1571年与奥斯曼帝国在勒班陀海战的胜利历史，陶醉在胜利的光辉中，决定对英国开战时态度过于乐观。任命指挥西班牙舰队司令官的人事方面的失败；多民族混合部队；广泛使用了更适合于地中海航海的大划桨船；草率的英国本土登陆计划；不精通在英吉利海峡和多佛尔海峡航海方法；不具备强风下航行的航海技术；轻视了气象信息等，众多的原因汇合在一起，西班牙无敌舰队在海战中败于英国。我们还不能忽略的是大部分西班牙无敌舰队构造方面弱点的情报，事先就已被伊丽莎白女王和其亲信所掌握。

看穿了敌国的弱点，英国就有可能展开和西班牙的一战。可以总结为以下三点：

（1）人事信息

情报收集中最重要的领域，就是有关人事方面的情报。西班牙国王菲利普二世，将没有海上战斗经验的陆军司令官任命为无敌舰队司令官的消息，瞬间就传达到英国相关人士之处。

就任无敌舰队司令官的是名门贵族出身的麦地那·西多尼亚公爵。在陆军方面颇有作为，也有作为地方军区司令官的功绩，但是海上作战经验几乎是零，也没有指挥过航海舰队。他本人也曾以在海上容易晕船，或因为海上寒风容易感冒等身体状况为由，极力拒绝就任无敌舰队司令官一职。本来，在勒班陀海战中击败奥斯曼帝国，给西班牙带来胜利的功臣，享有盛誉的海军提督圣·克鲁斯应该就任无敌舰队的司令官。但他在无敌舰队的出击准备中暴卒，所以麦地那·西多尼亚公爵被任命为替代他的后任。就连这样机密的人事情报，也由英国的间谍立刻传达给了伊丽莎白女王和其亲信。

（2）多民族的混合部队

英国间谍在早期就看穿了无敌舰队是一个由多民族组成的混合部队。安置在欧洲大陆各处的间谍，特别将地中海主要港口城市的海军和武装商船的动向，详细地汇报到英国。

无敌舰队的军队是以西班牙海军的精锐部队为核心，又从受西班牙影响的地中海诸国征集动员其他民族成立的混合部队，是一个连语言沟通都有困难的多民族大队伍。船组人员约为 30000 人，其中 20000 名士兵，8000 名船员，2000 名奴隶（大划桨船的桨手）。无敌舰队的船只由 130 艘帆船和大划桨船以及不同民族地区的 10 队船只构成。涉及葡萄牙、卡斯蒂利亚、比斯开、安达卢西亚、那不勒斯等多个地域。

英国早就察觉到缺乏海军作战经验又是陆军出身的西多尼亚公爵指挥不了多国籍而且是大规模的混合部队——这一无敌舰队指挥系统的致命弱点，所以英国攻其弱点，采用游击战术的火船攻击，并取得了成功。

（3）英国本土的登陆作战

英国通过间谍活动，事先得知无敌舰队将与驻留在荷兰的帕尔马公爵的陆军精锐部队会师以及与帕尔马部队组成联合部队登陆英国本土的计划。通过间谍获得的情报，英国还逐步得知西班牙计划部队一旦登陆，苏格兰的天主教势力（原玛丽女王派）也趁机背后偷袭伦敦皇宫的伊丽莎白女王。获得这些国内外机密情报的是英国女王的秘书长官沃尔辛厄姆掌管的间谍机关。沃尔辛厄姆充分利用间谍机关，加深警戒西班牙构想的英国登陆作战计划。

西班牙的设想是以 30000 人的帕尔马军为中心的登陆英国本土的作战计划为基础。无敌舰队也装载了 20000 名士兵，双方的士兵合在一起约为 50000 人，准备执行登陆英国本土作战计划。帕尔马公爵期待无敌舰队能横扫在多佛尔海峡周边的英国海军，为帕尔马军横渡多佛尔海峡提供安全的海路。原本入侵英国本土的作战计划就是帕尔马公爵的建议。但事实是国王菲利普二世发的出击命令比预计时间要晚很多，使得帕尔马军丧失了出击英国的良机，浪费了众多的时间，没能和无敌舰队会师。

对于英国来说，最佳对策就是不让帕尔马公爵实现其无敌舰队和帕尔马军会师的计划。英国立刻决定实施两个作战计划。第一个是阻挠帕尔马军前进的作战计划。为了不让帕尔马军转移到海上，英国资金援助荷兰的反西班牙势力（摆脱西班牙的独立派，基督新教势力），并且着手封锁荷兰的港湾。这个作战成功奏效，帕尔马军到了和无敌舰队会师的阶段，却被预料之外的厚厚封锁线阻挡，不能顺利转移到海上，所以也没能和无敌舰队会合。第二个是阻挠帕尔马军和无敌舰队会师。对于英国来说，最好的策略就是不让帕尔马军和无敌舰队会师，所以自从无敌舰队出现在英吉利海峡，英国就持续零散攻击以阻碍舰队的进路，接着在加来海面进行火船攻击，破坏了舰队的阵形，沉重打击了无敌舰队的指挥命令系统。而获得西班牙进军英国本土的登陆作战机密情报，给英方带来了准备对抗措施的机会。

阻止暗杀女王计划

察觉暗杀女王计划

谈到伊丽莎白女王时代，就不能不提到她和苏格兰女王玛丽的权力斗争。虽然和海盗的主题有些偏离，但伊丽莎白女王究竟是因为什么需要将众多的海盗拉入自己阵营，不惜余力地强大自己的势力呢？

除了偷袭西班牙船只，劫掠财宝这一经济目的以外，女王将海盗们编入海军，利用其作为战争机器的背景里，我们不能忘记当时伊丽莎白女王被政敌的天主教势力所包围的严峻政治状况。以下，让我们来描绘一下以暗杀女王计划为象征的权力斗争。

促使英国和西班牙关系恶化的政治事件是对苏格兰女王玛丽的处刑。玛丽女王作为暗杀英国伊丽莎白女王计划的主谋者被逮捕，并于 1587 年 2 月在佛斯里亨城堡（北安普敦郡）被处刑。以这个事件为契机，西班牙对英国的敌意更加激烈，组织无敌舰队攻打英国本土的主战论急速高涨起来。英国处死玛丽女王一年后，西班牙决定实施英国本土登陆作战计划，并派遣了无敌舰队。

玛丽既是苏格兰的女王，也是英国国王亨利七世的曾孙女，因为这层血缘关系，她也是英国的王位继承人。因此，玛丽女王成为英国女王名正言顺，如果伊丽莎白女王下台，玛丽很有可能成为新的英国女王。玛丽的履历还不仅如此。作为已故法国国王的王后，她和欧洲大陆的天主教势力也有很深的渊源。作为英国的天主教势力的标志性存在，玛丽逃亡英国（当时的英格兰）以后，围绕她周围的天主教和基督新教这两大宗派，作为庞大的政治势力不断展开权力斗争，各种各样的阴谋也复杂交织在一起。

生于苏格兰的玛丽，作为法国王储的王妃候选人，6 岁就被寄养在法国王宫，1558 年和王储完婚，第二年随着王储继位为国王弗朗索瓦二世，玛丽成为法国王后。但是一年后即 1560 年国王暴卒，玛丽也在其后的 1561 年不得不返回苏格兰，在这里她的人生齿轮开始运转失常。回国后，玛丽在苏格兰几度再婚，渐渐被卷入激烈的权力斗争，最后不得不逃亡到英国。辗转各地的同时，已故法国国王的王后的特殊经历，还有她持有的可继位英国女王的正宗血统，使得她总是被热心的援助者所包围。援助者之一，就是西班牙驻英国大使门多萨。包括法国王室和西班牙大使在内的援助玛丽的关系网形成，在这个圈子里逐步诞生了暗杀伊丽莎白女王的计划。

另一方面，伊丽莎白女王是国王亨利八世的情妇安妮 · 博林生下的女儿，对于天主教来说是异端的基督新教徒。暗地里被称为“血腥玛丽（Bloody Mary）”的同父异母姐姐女王玛丽一世过世后，王冠出乎意料地落到了她的头上，伊丽莎白继位为英国女王。虔诚的天主教徒玛丽一世强行要求新教徒改宗旧教，并逮捕了反对旧教政策的基督新教神父和教徒们，大约有 300 人被一个接一个地处以火刑。“血腥（bloody）”这个形容词也是由此得来。酒精度数很高的伏特加配上鲜红的番茄汁调制而成的鸡尾酒被叫作“血腥玛丽”，与其美妙的口感不对称的是其名字来源于凄惨的宗教镇压。

在西班牙和法国，对基督新教徒们进行宗教审判，强迫基督新教徒们改宗或是火刑两者取其一的异端裁判开庭的消息，传入伊丽莎白女王和亲信的耳朵里。1572 年在巴黎发生的圣巴塞洛缪日大屠杀（也称为德拉圣巴泰勒米大屠杀）事件里，有众多的基督新教徒（胡格诺教徒）被天主教势力屠杀，这是一个悲惨事件层出不穷的时代。暗杀伊丽莎白女王，由苏格兰女王玛丽夺取英国女王宝座的计划，并不是一个荒诞无稽的故事。所以只要玛丽有一天逃亡到英国，就存在伊丽莎白女王的位子不得安稳的威胁。伊丽莎白女王终究有一天需要和玛丽一派一决高下。

暗杀女王的阴谋

企图暗杀伊丽莎白女王的著名事件有贝比通事件、莫顿事件、里多菲事件等。特别是被揭穿的贝比通阴谋，直接左右了玛丽女王的命运。贝比通原本是玛丽女王的属下，接受了驻巴黎西班牙大使门多萨的援助，解救了被囚禁的玛丽，并且计划暗杀伊丽莎白女王。一旦西班牙大军从海上登陆，英国国内的天主教徒就一拥而上，一举清扫伊丽莎白女王一派，他们计划的是这样一个充满野心的阴谋。据说贝比通和玛丽女王之间有着秘密的邮件来往，同时和被英国驱逐出境并成为驻巴黎的西班牙大使门多萨也有着频繁的联络。

秘书长官沃尔辛厄姆利用间谍的情报网，解读暗号书写的机密书信，确定贝比通的暗杀女王计划属实，1586 年逮捕了逃亡中的贝比通并对其处刑。此外，沃尔辛厄姆还认为玛丽深入参与了这个计划，同年 9 月逮捕了玛丽，并获得了英国议会和伊丽莎白女王对玛丽处刑的同意，在翌年 2 月将玛丽送上了断头台。

间谍的首领

沃尔辛厄姆为了在和天主教势力的两场战争——和西班牙无敌舰队的战争以及和苏格兰玛丽女王一派的政治斗争中获胜，坚持指挥间谍在前线作战。沃尔辛厄姆还制作了居住在英国国内的天主教徒的详细地图，时刻不忘收集天主教徒的相关信息。

从泰晤士河港口的贸易船进入英国的天主教教徒，如果是被派来进行传教活动的传教士的话，就不动声色地让他自由行动，沃尔辛厄姆通过密切跟踪传教士，来发掘在英国国内天主教援助者。此外，沃尔辛厄姆坚决声称自己揭露了玛丽一派暗杀伊丽莎白女王的阴谋，解读了秘密通信的暗号，他坚称玛丽本人参与了暗杀阴谋的讨论，没有一个人能对此发表异议。

沃尔辛厄姆成为反对天主教的急先锋，里面也是深有缘由。如前所述，被伊丽莎白女王任命为枢密顾问官和提拔为秘书长官之前，沃尔辛厄姆一直滞留在巴黎。

1570 年，沃尔辛厄姆作为英国驻法大使赴任巴黎，开始密切观察法国的动向。英国大使馆位于塞纳河左岸，是正面对西岱岛的最佳地段。就在 1572 年的巴黎，圣巴塞洛缪日那一天发生了屠杀基督新教徒（胡格诺教徒）的事件，沃尔辛厄姆目睹该事件始末，精神上深受创伤。自从他亲临众多的胡格诺教徒从清晨起被屠杀的现场后，对天主教徒的憎恨、恐惧心理和不信任感日益加剧，使其成为英国国内反对天主教势力的大本营。作为圣巴塞洛缪日事件的活证人，他对女王和其亲信描述了他活生生的体验，向权势阶层极力倾诉英国作为基督新教国家，必须坚持不懈地对抗天主教势力。

对天主教徒怀有病态般敌对情绪的沃尔辛厄姆，通过执拗的间谍活动，最后揭发了暗杀伊丽莎白女王的计划，并成功处死了苏格兰女王玛丽。自认为是天主教世界守护神的西班牙国王菲利普二世对玛丽的处刑暴跳如雷，同时也对德雷克等英国海盗们野蛮的劫掠行为愤慨不已。这样，西班牙军事攻击英国本土的呼声，顿时高涨起来。

伊丽莎白女王判断和西班牙进行一战已经是不可避免，遂下令组建以德雷克为中心的海盗舰队，秘密指示他们对西班牙本土展开先行攻击。一边假装不过是海盗们的袭击和劫掠，国家没有参与；一边利用海盗们组织非正规战，从而实现尽可能削弱西班牙战斗力的作战计划。

对西班牙船只的海盗作战

袭击和劫掠西班牙殖民地

在和大国西班牙之间的战争已经是不可避免的前提下，英国决心展开削弱西班牙的作战方案。劫掠西班牙所有的大型帆船，更换船名后将其编入英国海军，从而强化英国海军力量。“为了削弱对方而作战”听上去好像不错，事实上就是劫掠行为。英国的目标不仅是大型帆船，作为和无敌舰队的前哨战，也包括西班牙本土的港口城市、太西洋上的亚速尔群岛、加勒比海的西班牙殖民地等地区。通过反复袭击这些地区，以达到疲惫和消耗西班牙的作战目的。

德雷克在实现环球航海 5 年之后的 1585 年 9 月，为了正式袭击加勒比海的西班牙领地，率领大型的海盗舰队从普利茅斯港口出发。由 30 艘左右的帆船组成的海盗舰队，装载了总共约 2300 名船员，陆续袭击了西班牙的据点伊斯帕尼奥拉的圣多明哥和南美大陆北端的港口城市卡塔赫纳，甚至北美大陆沿岸的佛罗里达，彻底破坏了西班牙的要塞。

海盗德雷克被任命为总司令官，副总司令官是皇家海军的将领马丁·弗罗比舍。现在看来，海盗出身的德雷克来指挥皇家海军，的确是奇妙的格局。但根据当时的常识来考虑，身经百战的海盗来指挥弱小的海军，并不是什么不可思议的事情。在女王的指挥下，海盗和皇家海军组成联合舰队。此外预料到会有登陆西班牙殖民地之战，陆军将领克里斯托弗·卡莱尔率领了1000名步兵乘船。女王让海盗舰队和皇家海军、陆军合为一体，组建了理想的海盗部队。我们可以通过远征加勒比，将女王的策略整理如下：

1. 组成海盗和皇家海军联合舰队。联合舰队由30艘帆船组成，总兵力为2300人。其中海盗和皇家海军的联合军为1300人，准备登陆的陆军士兵是1000人。

2. 任命海盗德雷克为联合舰队的总司令官，皇家海军的马丁·弗罗比舍为副总司令官。

3. 西班牙殖民地的登陆作战的指挥由陆军将领卡莱尔担任。

和西班牙无敌舰队展开全面战争之前，假装不过是民间武装集团的海盗袭击和劫掠西班牙船只，是伊丽莎白女王制定的方针。考虑到16世纪的国际关系，女王的策略是，为了在和西班牙的竞争中取胜，灵活运用海盗和皇家海军，并且让两者协作组成联合舰队。通过远征加勒比海，女王命令海盗、皇家海军、皇家陆军三者组成联合舰队·混合部队，为打败西班牙无敌舰队积累经验。可见伊丽莎白女王已经不是在进行秘密的海盗作战，而是英国对西班牙实质性的作战。

袭击加勒比海的西班牙殖民地

德雷克的舰队在1585年9月，从普利茅斯港口出发后，南下西班牙沿岸加那利群岛，途经西非沿岸的佛得角群岛，然后一举横渡大西洋奔赴加勒比海。德雷克的舰队以大西洋上散布的岛屿为记号，乘靠季风（偏东风），一边沿途补给食品和饮用水，一边朝目的地加勒比海前进。这也是海盗舰队代表性的航海路线。德雷克计划着如果碰巧还能遇上西班牙或者是葡萄牙的船只，袭击他们，将劫掠的战利品带回英国。

德雷克的舰队到达加勒比海是 1585 年 12 月，从普利茅斯港口出发后的第四个月。以多米尼加为起点，途经伊斯帕尼奥拉岛的圣多明哥、南美大陆北部的卡塔赫纳、开曼群岛、古巴，到达南美大陆的佛罗里达附近，在此期间，德雷克的舰队物色着防备薄弱的海港，一旦找到合适的目标，就大肆偷袭、劫掠、破坏、放火，其中包括天主教教会。袭击的港口城市，无一例外都是西班牙的海外殖民地。这些殖民地对敌人偷袭的防备不够充分，要塞防御也进展不到位，所以西班牙的殖民地行政长官只能束手无策地向德雷克投降，尽管是短暂一段时期，但加勒比海初次处于被英国支配的状态。

德雷克的海盗舰队在 1586 年 1 月登陆圣多明哥、破坏了港口城市的这一消息，传到西班牙国王菲利普二世的耳中时，已经是同年的 5 月。在交通和通信不发达的 16 世纪，从圣多明哥发出的特急书信要花上 4—5 个月才能到。其原因是除了等待从西班牙本土来的定期船队到达以外，没有其他办法来输送信件。接到这一通报后，又获得了卡塔赫纳沦陷的消息，西班牙国王认识到和英国展开全面战争已经是不可避免，并下定了决心。

在此一年之后，发生了德雷克舰队袭击西班牙本土加迪斯港的事件。大家一致认为英国和西班牙的全面战争，已经到了刻不容缓的地步。利用各种机会削弱西班牙的国力——伊丽莎白女王这个深谋远虑的计划，也已经到了付诸行动的阶段。

我们了解到在袭击加勒比海的西班牙殖民地时，德雷克为了降低舰队的风险，积极收集了各种情报。德雷克在环球航海前后，开始在加勒比海的西班牙殖民地安置他的眼线，打探敌情。这次的加勒比袭击，德雷克方面能够损失非常小地高效袭击敌人，依靠眼线们指引的可能性极大。

远征加勒比的经济效果

德雷克的远征加勒比海，对英国和西班牙两国产生的影响不可估量。对于英国来说，获得的战利品的价值并不高，对投资者来说是回报甚微，而且因为人员伤亡惨重，参加辛迪加式海盗联合集团的投资者们也是万分沮丧。但是，从炮制出德雷克的英雄传奇、高扬国威和民族精神的意义上来说，确实是意义非凡的远征。

以女王为首的投资者的立场来看，谈到德雷克远征的成果，并不可喜。既没能发现千方百计寻找的西班牙财宝，也没有获得众多的战利品，就不得不踏上归程。获得的战利品共计约为 116700 英镑，其内容如下：

没收的大炮等武器（合计金额为 6700 英镑）；金银财宝（43000 英镑）；铁铜铅皮革等劫掠品（67000 英镑）。除去德雷克舰队的所有经费，获得的纯利润是 46000 英镑，投资者的 1 英镑只能获得 15 先令的红利。

从劫掠西班牙的财宝这一点而言，德雷克远征加勒比海是失败的。此外还有尚未支付生还船员酬劳的问题，整体上来说财政收支是赤字。1925 名船员中有 750 人死亡，得以生还的船员不过 6 成。而且死亡的主要原因不是海战，而是因为航海中发生的热病和败血病。狭窄的船舱内的卫生状态不佳，当时的远洋航行，必然发生热病，导致多名船员丧命的事情也是常有之事。饮用水的不足引发在炎热天气的脱水症状从而丧命的例子也屡见不鲜。

得以生还的船员们在普利茅斯港口，因为酬劳没有得到支付而展开暴动，给女王陛下参与的德雷克舰队的功绩留下了污点。

加勒比远征的政治效果

对于英国来说，加勒比远征也不是都是坏事。因为通过德雷克的远征，英国在和西班牙正式争夺殖民地的战争中，加深了自信。

在伦敦，德雷克的远征记录《有关弗兰西斯·德雷克爵士的西印度群岛航海的摘要和真相》作为书籍得到出版。书中将德雷克描绘为从西班牙专制中解放了加勒比海民众的英雄，按照德雷克的加勒比海远征大获成功的宗旨进行编辑，可以看出英国开始把德雷克作为国家英雄来巧妙地利用。对于返回普利茅斯港口后立刻发生的船员暴动事件却只字不提，一味强调德雷克远征的政治意义，将德雷克打造为英雄的方针得到确定，传奇也由此诞生。

伊丽莎白女王预料到近期和西班牙的全面战争已经不可避免，确信并决心继续不断袭击西班牙的殖民地和财宝船，稳步甚至是执拗地实施削弱西班牙国力的战略。毋庸置疑，将德雷克安置于对战西班牙的最前线，正是女王的策略。作为把握民心、构筑举国一致应战体系的手段，国家英雄德雷克被最大限度地利用。

放弃远征东南亚

德雷克在1585年组建了远征加勒比海的海盗舰队，本来这个舰队的目的是出击东印度的马鲁古群岛（现在的印度尼西亚属地），为英国在葡萄牙支配下的东南亚建立海外据点做准备。通过德雷克的环球航海，得知马鲁古群岛是香料的盛产地后，我们可以猜测到英国产生了新的想法，那就是将马鲁古群岛置于英国统治之下，通过独占香料贸易，来为英国积累财富。

为了远征马鲁古群岛，英国组建了辛迪加式投资集团，并于1584年11月制定了合同。在合同里记载了投资者的名单、投资金额、舰队的组成、船员人数等，对远征后获得的劫掠物品的分红比例也写得一清二楚。

投资金额共计40000英镑，将投资者按照投资金额来排序的话，女王提供了现金10000英镑和两艘皇室船只；海盗德雷克投资7000英镑；莱斯特爵士投资3000英镑；海盗约翰·霍金斯（德雷克的亲戚，也是大海盗）投资2500英镑；海盗威廉·霍金斯投资1000英镑；雷利爵士为400英镑。合同中还记载了马鲁古远征队的总司令官是德雷克，远征舰队一共由帆船15艘、由帆船拽拖航行的小型船只20艘、船员1600人组成。从国家预算的规模来看，约占英国一年预算20%左右的金额被投入此次远征航海中。

最大的投资者英国女王，不仅提供了资金还有帆船，可以推测女王期待远征结束后能得到丰厚的回报。皇室的船只破旧，不能形成战斗力，但因为提供了皇室船只，女王名义下的投资额被视为追加了数千英镑，在日后分配战利品时，女王的立场也更加有利。

女王正式认可马鲁古远征队是在1584年12月24日，而实际出海是在1585年的9月。德雷克为得到女王的出航许可，花了9个月的时间，而且目的地大幅度地变更，由原定的马鲁古群岛改为加勒比海。真相难以得知，但我们可以做一些假设，可以考虑以下的四点：

1. 马鲁古群岛距离遥远，航海时间长，航海中的风险也极大。以女王为首的投资者有可能蒙受损失，所以中止了马鲁古群岛的远征。

2. 德雷克有实际在加勒比海的劫掠经验，而且在航海中有可能可以袭击到西班牙的财宝船，计划的风险较小。

3. 荷兰的新教徒正在展开摆脱西班牙统治的独立运动，女王也打出了支援荷兰的旗号，如果发生紧急状况，有必要军事动员德雷克的舰队。为此放弃了需要环绕地球半周才能到达的马鲁古群岛，改为远征加勒比海。

4. 预定参加德雷克舰队的几艘主力帆船正在修理之中，为了维修和完善装置花费了精力，使得出航被推迟。

我们可以猜测，由于各种复杂原因，使得出发地和出航日期被要求大幅度地变更。

袭击西班牙本土

在苏格兰女王玛丽被处以死刑一个月之后，伊丽莎白女王立刻组建了海盗舰队，并且下令攻打西班牙本土。德雷克在 1587 年 3 月，开始组建为袭击西班牙本土的新海盗舰队——由女王名字的缩写组建成的海盗舰队，劫掠回来的战利品的五成归女王所有，剩下的五成由投资者按照投资比例来分红。

德雷克的舰队由 20 艘帆船组成，其中有女王提供的 4 艘皇家帆船（伊丽莎白·博纳旺蒂尔号、金狮子号、彩虹号、无畏号），德雷克和海盗联合集团提供的 5 艘帆船，还有商人投资者提供的 10 艘商船。这次的皇家帆船每艘都有 500 吨左右，构成德雷克舰队的核心部分。从海盗舰队的组成也能明确看出女王主导性的参与。

袭击卡迪兹港口——劫掠、破坏、焚烧商船船队

德雷克舰队在 1587 年 4 月从普利茅斯港口出发后，奔赴伊比利亚半岛。最初是打算袭击与西班牙合并的葡萄牙港口城市里斯本，但是从安置在各国的间谍处获得了在西班牙南部的卡迪兹港，停泊了大型的商船船队，这一值得一听的有力情报。

凭借这一情报，德雷克舰队改变路线转向卡迪兹港口，对停泊中的商船无一例外大肆劫掠、破坏、焚烧。德雷克在日后回想起攻击卡迪兹港口时，叙述感想时谈到只不过是“烤焦了西班牙国王的胡子”的程度而已。但实际上对西班牙来说，无疑应称之为“英国的偷袭珍珠港事件”，是一个出乎意料的偷袭攻击。西班牙方面将没有升英国国旗的德雷克舰队，误认为是从荷兰远征归来的西班牙舰队，没有任何抵抗地接受了舰队。为此，在西班牙方面没有任何抵抗之下，德雷克的舰队一瞬间就成功地将大批的西班牙商船纳入自己的腰包。

捕获了有利用价值的西班牙商船 4 艘，将其编入德雷克舰队的同时，还将从商船队劫掠的大量战利品（武器弹药、红酒、油、饼干、干果等）装满了一艘德雷克舰队的帆船，让其先回到英国。此外德雷克还破坏并沉没了众多的商船，给予西班牙商船队本身毁灭性的摧毁，准备全面地展开破坏活动来事先预防西班牙海军将这些商船编入作战舰队等。此外他们还挨家挨户地破坏、焚烧了天主教教会。德雷克舰队此次的攻击将对西班牙的敌意明显表露出来，这

一点也是值得我们瞩目的。

掠夺西班牙国王船只——亚速尔群岛

德雷克舰队在1587年6月袭击了卡迪兹港口后，顺路来到大西洋上的亚速尔群岛，捕获了西班牙国王所有的帆船“圣菲利普号”。国王船是在被称为“东印度”的东南亚的回程途中，停泊亚速尔群岛时被捕获。船上满载了黄金、白银、丝绸、天鹅绒、香料、瓷器等，正是一艘“宝船”。

德雷克决定将西班牙国王船编入自己的海盗舰队，将满载着金银财宝的国王船直接带回了普利茅斯港口。德雷克在航海途中不断捕获高性能的帆船，同时弃毁从英国带来的破旧老帆船，来保持舰队的新陈代谢。通过明确这些历史事实，我们可以了解到英国的海军和商船队的近代化，其实是依靠掠夺西班牙所有的高性能帆船而得以实现的。

德雷克的海盗舰队偷袭西班牙本土，并且捕获西班牙国王船后，西班牙国王菲利普二世立刻派遣海军提督圣·克鲁斯的精锐舰队，去追踪反击德雷克。但是西班牙舰队没有能够找到已经脚底抹油、逃之夭夭的德雷克海盗舰队，反而高龄的圣·克鲁斯提督在结束繁重的航海任务后，突然去世，从始至终西班牙都被德雷克海盗舰队玩弄于股掌之间。就这样通过消耗西班牙国力使其疲劳，英国在日后和无敌舰队的战斗中，获取了优势地位。

上次的远征加勒比海没有能够向女王献上足够的战利品，但是这次偷袭西班牙本土并且捕获西班牙国王船大获成功，胜利而归。伊丽莎白女王和投资者们，都对德雷克赞赏不已。实际的战利品的详细名单没有公布，我们也无从得知投资者们的收支状况如何。因为掠夺的战利品中包括满载了金银财宝的西班牙国王的帆船，所以没有公布战利品全貌可能也出于政治上的考虑。海洋历史学家指出，西班牙的谍报机关写的报告里面还分析说，海盗秉性不改的德雷克，没有把一部分贵重战利品带上岸，而是秘密隐藏在帆船的仓库里。至今真相也还是隐藏在黑暗之中。

本书以德雷克为中心，回顾了英国海盗舰队的作战，但我们不能忘记实际上有更多没有在历史舞台登场的无名海盗们也袭击了各地的西班牙殖民地，并攻击了财宝船。当然，德雷克的海盗舰队规模庞大，而且伊丽莎白女王是其幕后黑手这一点，是其他的海盗舰队不能相提并论的。

德雷克操纵着捕获的西班牙国王帆船回到普利茅斯港口，是1587年的6月末。正好在这一年后，英国和西班牙以英吉利海峡和多佛尔海峡为舞台，爆发全面战争。

组建历史上最大的海盗舰队

虽然在海战中战胜了西班牙的无敌舰队，但英国和西班牙的战争并没有就此结束。伊丽莎白女王在世期间，从没有间断过和西班牙的战争，两国之间的战争状态一直持续了15年之久。直到女王在1603年以70岁高龄去世，苏格兰的玛丽女王的儿子威廉一世，作为继承人成为英国国王为止，两国一直处于交战状态。

两国在1604年同意讲和，战争终于结束了，但是在此之前的15年，女王陛下的海盗们接连不断地袭击了西班牙。伊丽莎白女王动员了大批的海盗和士兵，针对西班牙的船只，持续不断地袭击和掠夺，并且将海盗舰队和陆军士兵派遣到西班牙本土和加勒比海的殖民地，大肆掠夺贵重物品。在和无敌舰队的海战中，英国已将国家预算用光，女王渡过财政难关的有力手段，就是已经可以称为英国拿手好戏的海盗行为。为了偿还借款，也为了削弱西班牙的国力，女王频繁地利用了海盗作战。

海盗作战不是每次都能成功。卡迪兹等重要港口遭到偷袭以后，西班牙着手强化本土的防御，以预防英国的侵略。而德雷克和女王对以下两点意见一致。

（1）对回归西班牙本土的无敌舰队继续毁灭性打击，打消其侵略英国本土的野心。

（2）继续袭击西班牙船只劫掠财宝。

但是，德雷克和女王对袭击的目标和方法有不少分歧，两者间的鸿沟日益加深。女王在1589年4月，命令德雷克组建150艘船的海盗舰队，对回到西班牙本土的无敌舰队进行攻击，并毁坏主要城市里斯本（现葡萄牙的首都）。此外，命令书中还详细指示，海盗舰队结束登陆西班牙本土作战后，立刻奔赴大西洋的亚速尔群岛，劫掠西班牙的财宝船。和无敌舰队的战斗过后刚一年，英国方面对于海盗船和皇家海军的船舶修理还不够充分，就下决心袭击西班牙本土。为了实现这个计划，女王和德雷克组建了一个前所未有的大规模海盗舰队，总司令官由德雷克担任。

这次，采用了皇家海军和陆军加入德雷克海盗舰队的方式组建了联合舰队，动员了23000船员和士兵。从规模上来看，这可以说是英国史上最大的海盗舰队。女王最初打算提供20000英镑，但最终提供了50000英镑资金，此外还提供了6艘皇家帆船。由此也可以看出女王对攻击无敌舰队和海盗行为有多么的热心。

女王满怀期待德雷克能够高举战果，带着贵重的战利品满载而归，但是事实却是和预料相反的悲惨结果。

削减间谍预算——给连胜踩了刹车

德雷克从女王那里得到命令，袭击西班牙本土比斯开湾的港湾城市桑坦德，接着攻陷里斯本，但是德雷克违反女王的命令，没有前往桑坦德，而是从港口城市拉科鲁尼亚开始下手。是因为过于自信，还是凭借直觉，德雷克的真实意图至今还没有得到明确。我们只是知道女王对袭击西班牙本土做了非常详尽的指示，但是德雷克却无视这些指示，展开了对西班牙本土的袭击。如果成功了的话，或许会得到赞誉，说是随机应变，但是结果是失败的话，就会因为没有遵照指示而遭到严厉的批判。德雷克的光辉历史，也在此落下了帷幕。

一年前无敌舰队因为英国的火船攻击和恶劣天气而毁灭以后，西班牙强化本土的防卫体制，大幅度提高了对英国船只的警戒水平。本来英国依靠灵敏度高的间谍活动，应该可以时刻获知西班牙局势的变化，但事实并非如此，究竟是怎么一回事呢？

其实，英国伊丽莎白女王因为在和无敌舰队的海战中获胜而被安心感笼罩，立刻大幅度地削减了沃尔辛厄姆指挥的间谍活动预算。因此，西班牙的最新消息只是片断性地传来。女王乐观地以为只要打击了无敌舰队的主力部队，即使削减间谍经费也不会有什么大问题，但就是这微妙的心理上的松懈，使得英国摔了一大跤。

遭遇到西班牙意料之外地顽强反抗，德雷克的陆军登陆也以失败告终，最终损失了17000名船员和士兵。本来打算从陆地和海上攻打里斯本的作战方案，也因为登陆行军中的酷暑难耐，导致士兵中暑，后方支援又不够充分，没有能补给到充分的食物和饮用水，使得大批士兵接二连三地从行军中掉队，乃至死亡。

已经构筑为要塞的里斯本，摇身一变成为久攻不破的城堡，攻陷里斯本的战略以失败告终，在亚速尔群岛也没有获得理想的收获，史上最大的海盗舰队不得不在一片惨淡的情况下返回英国。从西班牙远征中得以生还的船员和士兵，还不到6000人。付出了高额代价，但获得的战利品只不过30000英镑，不能顺利给投资者分红，就连船员和士兵的酬金也不能足额支付。

以连战连胜为荣的德雷克，在万分失意中回到家乡普利茅斯，埋头修筑普利茅斯港口要塞，准备和西班牙大战使用的火船，并着手完善水路建设等城市基础设施。

德雷克看上去似乎打算以普利茅斯的一介名士而了却一生，但他还是向女王请令再次远征加勒比海，期待能够完善海盗人生的最后篇章。女王也希望能借此机会挽回英雄德雷克的名誉，同时希望为了填补因袭击西班牙本土作战失败造成的巨大损失，所以给予了本已从海盗营生的第一线退下来的德雷克在海上重操旧业的机会。

直到最后也是“加勒比海的海盗”

伊丽莎白女王在1595年1月，命令德雷克和霍金斯袭击劫掠加勒比海上的西班牙殖民地。这次的主要目标是攻击西班牙运输财宝的中转地巴拿马。为了偿还巨额的借款，扭转王室财政危机，削弱敌国西班牙，女王几次三番派遣海盗们奔赴加勒比海。

为了组建大型的海盗舰队，女王以及亲信、冒险商人等高额投资者投资巨额，和以往一样成立了辛迪加式海盗联合资金团。海盗舰队的规模约为30艘帆船，其中女王提供了6艘皇家帆船。船员1500人，士兵1000人，合计2500人被动员，任务是袭击加勒比海上的西班牙殖民地，劫掠金银财宝。完成远洋航海的准备，海盗舰队是在1595年8月从普利茅斯出发，预计到达加勒比海时，台风季节已经过去。

但是天气不佳，在航海中多名船员因为热病、痢疾、坏血病而倒下，因为疾病而丧命导致不战而败，也是德雷克有生以来经历过的无数次远洋航海里最糟糕的一次航海。永久的竞争对手，自幼年就熟知的霍金斯也在12月病亡。仿佛是追随他一般，翌年1月德雷克也在船上病逝，被敛入铅制的棺材，永沉于加勒比海底。德雷克和霍金斯以“女王的海盗”而一举成名，最后也作为“女王的海盗”，在加勒比海了却终生。

德雷克和霍金斯死后，英国的海盗就绝迹了吗？并非如此。当时英国的国情是，除了毛织物，没有能够出口海外的制品，也不能贸易立国，基本上没有任何有力的收入来源。但英国立志成为强国，王室和国家作为后盾培养并奖励海盗来积累财富。只要对王室和国家有利用价值，就彻底地利用并庇护海盗。

新的奇策

17世纪中期，海盗和国家的关系有了一个新的变化。英国在1655年入侵了加勒比海的第三大岛屿牙买加，并成功实现了军事占领。此时，西班牙的加勒比海支配也落下帷幕。

英国和西班牙在1670年缔结了马德里条约，正式承认牙买加成为英国的属地。而且是无条件承认。当时西班牙方面强烈要求英国勒令海盗们停止在加勒比海对西班牙船只的大肆攻击和劫掠。

当时以加勒比海的岛屿为据点，袭击西班牙船只的海盗被称为 buccaneer（海盗、劫掠者）。而 buccaneer 一词是从海盗们吃的熏肉或熏烤肉类的场所之意的法语 boucanier 由来。

将牙买加正式列入英国领土作为最优先课题的英国国王查理二世，开始对这些 buccaneer（海盗）采取措施。海盗们还很有利用价值，放手太可惜，但查理二世考虑到和西班牙的关系，还是做出了这个决定。至少有必要给西班牙方面提供一个英国已经展开了应对海盗策略的印象，所以国王想出了一个出其不意的方法。

查理二世逮捕了当时在加勒比海的西班牙属地大肆劫掠的英国大海盗亨利·摩根，将其带到伦敦裁判。按照当时正当的手续，本来应该将其关进伦敦塔幽禁后处刑，但是一件象征了英国外交善于奇策和狡猾之精髓的事情发生了。出乎意料的是，国王竟然赐予亨利·摩根骑士称号，并任命他担任牙买加的副总督（1674 年），着手取缔加勒比海的海盗伙伴，不能不说这是一个极妙的海盗对策。摩根回到牙买加后，余生一直在为取缔海盗而奔走四方。

在英国，海盗无用论的正式登场是在西班牙失去海上霸权，而英国在和荷兰的三次战争（英荷之战：第一次，1652 年；第二次，1665 年；第三次，1672 年）中相继获胜的 18 世纪初。英国原本完全依靠海盗带来的收入，也就是“海盗财富”，但到了这个时代，终于出现了可以摆脱“依赖海盗型经济”的征兆。

以“海盗财富”的积累为背景，英国开始描绘通过贸易立国来实现经济发展的蓝图，在 1651 年制定了航海法案（航海条例）。航海法案的目的在于实现英国的贸易独占目标。依据航海法案，英国本土和殖民地之间的贸易往来，仅限于英国船只或进口产品原产国的船只。其意图在于从英国的贸易港赶走 17 世纪起一跃成为海上霸者的海洋国家荷兰。以此为契机，荷兰产生了强烈的反英情绪，自然而然，英荷之战爆发了。

沦落为累赘

对于朝着贸易立国转变的英国来说，海盗开始成为裹足不前的障碍。海盗开始被当作威胁海洋贸易的碍事者，受到冷待。18 世纪初期，在和西班牙的王位继承战争中获胜的英国，为了确保在地中海和太平洋的制海权，以此为契机，开始完全改变对海盗的态度。

在此之前，首先要说明一下这个和西班牙的王位继承战争，到底是一个怎样的战争。围绕没有留下王位继承人就逝去的西班牙国王卡洛斯二世的王位继承人问题，以先王遗嘱为后盾，法国国王路易十四世的孙子继承了王位。这意味着法国成为欧洲首屈一指的大国，可以支配世界各地的西班牙殖民地。为了阻止法国的大国化，奥地利主张有权继承西班牙王位，对此英国和荷兰也表示支持。将欧洲一分为二的西班牙王位继承战争（1701—1714 年）爆发了。

与此同时，在北美大陆，为了争夺支配权，英国和法国在安妮女王发动的战争中也是火花四溅。1713 年签署《乌得勒支和约》（几个条约的总称），欧洲的战乱得以终结。而其中收益最大的是英国，获得了连接大西洋和地中海的战略要塞——直布罗陀和地中海上的梅诺卡岛（巴塞罗那的前海，紧邻马洛卡岛），也就意味着英国确立了在地中海上的霸权，并且确保了在加勒比海的制海权。

此外，英国还从西班牙获得了在西班牙属地的加勒比海和中南美洲，运输和贩卖非洲奴隶的独占权，而将贩卖金额的一部分作为权利使用费，上缴给西班牙。从此英国再没有必要利用海盗秘密运输奴隶，奴隶贸易也作为正规贸易对待。最初非洲公司（1672 年设立）被指定作为贸易窗口，但不久安妮女王在 1711 年批准建立的南海公司成为贸易窗口，布里斯托尔和利物浦作为奴隶贸易的重要港口繁荣起来。曾经是秘密海运工具的海盗，愈发成为累赘。

英国国家权力和海盗的蜜月期，两者之间的相互依存关系，逐渐走向了尾声，海盗开始被贴上罪犯的标签。而无视英国国王、贵族、投资家的意图，继续大肆劫掠的海盗层出不穷，英国在 1721 年制定了海盗取缔法，开始取缔有损国家利益的海盗们。

而 40 年后，工业革命正式开始，给英国带来了前所未有的经济繁荣，大英帝国迎来了黎明期和高峰期。毫无疑问，正是 1558 年伊丽莎白女王时代起到工业革命之间的 200 年间，海盗作为国家发展的有力手段而受到保护，推动了经济发展。

第三章

香料争夺战——世界贸易和商社的诞生

达·伽马发现了东印度航路。以此为契机，葡萄牙组建了从印度到东南亚的贸易船队，甚至包括中国、日本，大大扩大了贸易网。

贸易管理和独占机制

第三资金来源

华特·迪士尼电影公司的《加勒比海盗》(*Pirates of the Caribbean*)的第三部，有一个以东印度公司为原型的虚构的“东印度贸易公司”。影片中的情节是这家贸易公司所有的帆船各地追缉加勒比海海盗，而海盗们作为罪犯被逮捕。但在现实中，向伊丽莎白女王建议成立东印度公司，并筹集了公司成立基金的却是海盗们。

伊丽莎白女王嗜钱如命。为了让王室的财政丰润，让英国成长为繁荣强大的国家，需要丰富的资金。第一个资金来源，也是最大的资金来源，就是转手倒卖海盗们劫掠来的物品（第一章）。第二个资金来源则是和大海盗联手，秘密运输黑奴（第五章）。

两者无疑都是犯罪行为，而这些大型犯罪的背后黑幕便是伊丽莎白女王。

第三个资金来源是作为新的商业模式引进的成立贸易公司和发展海外贸易。支撑了大英帝国经济基础的东印度公司就是其代表，是获得了伊丽莎白女王特别许可后诞生的公司。除了关税收入，成立这样的贸易公司是当时唯一一个不依赖犯罪行为的正当筹集资金的方法。但对于伊丽莎白女王来说，这第三个手法的优先度很低，直到最后也没有热心投入其中。这也是情有可原的，在当时该手法欠缺可赚到大笔钱的稳定性，为了获得收益，需要花费很长的时间。在当时，组织大型帆船的贸易船队前往东印度的话，往返至少需要花费两年以上的时间，再考虑到远洋航海的高度风险，此举的确会被认为是缺乏胜算。

据说伊丽莎白女王的政治参谋，也是星相师的约翰·迪在 16 世纪末，创造出“英帝国”一词，并描绘了国家发展蓝图，鼓励成立驰骋海外的贸易公司。和约翰·迪相呼应，神职者兼地理学家理查德·哈克卢特在 1589 年，出版了《英格兰民族重要的航海、航行和发现》，为提高英国人的航海热情做出贡献。而坚持不懈地说服对海外贸易并不太热心的伊丽莎白女王，强调说为了让贫穷的英国变为富强的国家就必须要积极进行海外贸易的，正是本书的主人公——海盗。

冒险商人

为女王提供海外的信息，并说服女王加强海外贸易，成立贸易公司的是一群被称为“冒险商人”的贸易商人。是对高风险做好精神准备，前往远洋航海的贸易商人的总称，而不是普通的贸易商人。因为他们拥有作为“海盗”的另一张面孔。脚踩海盗和贸易商人两条船——这才是“冒险商人”的真实面目。

冒险商人在远洋航行上遇见西班牙和葡萄牙船只时，就摇身一变成为进行袭击和劫掠的海盗，在这个意义上，冒险商人与海盗融为一体。但是，可以说几乎所有的冒险商人都会变为海盗，但相反并不是所有的海盗都是冒险商人，不能将两者作为同义语对待。虽说是海盗，其真实面目也并不是完全一样的。简单来说，海盗里有出入上流社会社交圈的富裕阶层，也有在伦敦的小巷和普利茅斯港口过一天算一天的下级阶层劳动者。属于上流阶层的冒险商人们，既为成立东印度公司、利凡特公司而四方奔走，一旦远洋出海碰上西班牙或葡萄牙船只，又会随机应变，摇身一变成为海盗。

这些和海盗融为一体的冒险商人，筹集资金成立辛迪加式投资集团，组建贸易船队，从事海外贸易，所以这些投资集团也被称为“冒险商人公司（Merchant Adventurers Company）”。追溯历史，最初的冒险商人公司诞生于国王亨利四世执政时期的 1407 年。这些辛迪加式的投资公司，在 16 世纪以后发展为东印度公司、利凡特公司等。英文表达个人单位的冒险商人，会使用小写的“merchant adventurer”，而将冒险商人的投资家集团作为辛迪加组织来区别时，会使用第一个英文字母大写的“Merchant Adventurers”，或者“Merchant Adventurers Company”。小写字母和大写字母各有不同，前者是个人单位，后者则是公司或投资集团单位。

辛迪加式投资集团，并不是女王提议采用的商业模式。原本是霍金斯等大海盗为了组建远渡大西洋或加勒比海的海盗舰队，而竞相采用的海盗商业模式。将海盗的商业模式运用到企业管理的，便是东印度公司。

辛迪加式投资集团为了获得在特定海域的贸易独占许可，通过女王的咨询机关枢密院（Privy Council），向女王恳请获得批准。此举必须通过枢密院成员等女王的亲信才能得以实现。女王授予了辛迪加组织特许状后，“集团”便诞生了，而进行东印度贸易的集团通称为“东印度公司”。因此，“东印度公司”这个名称不过是个通称而已，其正式名称为“从事和东印度之间贸易的伦敦商人们的代表和集团”。而作为“代表”支配东印度公司的首任负责人则是托马斯·史密斯。托马斯是一个经营了几家贸易公司的大海盗，也是因掌管海外贸易而闻名的资本家。这些持有“冒险商人”和“海盗”两张不同面孔的权势阶层为成立东印度公司，在伦敦中心的 the City 积极展开疏通工作。The City 现在作为操纵世界经济的金融街而闻名，最初却是以冒险商人和大海盗们聚集的地方而闻名遐迩。

冒险商人的建议

成立东印度公司的相关具体动作，在荷兰掀起了东印度贸易热潮的 1599 年，突然开始加速发展。同年的 9 月 22 日，在伦敦有 101 位冒险商人和投资者组建了辛迪加投资集团，并起草了递交给伊丽莎白女王的有关建立东印度公司的请愿书，以总额 30133 英镑的资金为基金，向女王要求对东印度地区的贸易独占权。筹集到的资金约占当时英国国家预算的 15%。东印度公司的发起人在 9 月 24 日，在伦敦市内召开了成立大会，通过向女王提供建议的咨询机关枢密院，向女王提交了成立东印度公司的请愿书。

伊丽莎白女王当时正在和交战中的西班牙进行讲和交涉，做出判断认为和西班牙建立和平关系后，成立东印度公司会更妥当，东印度公司的成立一事被暂时搁浅。但和西班牙的讲和交涉遇挫后，发起人在 1600 年 9 月向女王再度强烈要求批准成立东印度公司，呼吁公司成立的气氛顿时高涨。

伊丽莎白女王在 1600 年 12 月 31 日，授予发起人“特许状（charter）”，批准成立东印度公司。在特许状里，伊丽莎白女王指定了特定的贸易公司、对象国、地区还有贸易的独占时间，获得该特许状的公司因为获得“特许状（charter）”，被称为“特许公司（chartered company）”。其实质是女王和贸易公司之间签署的合同（contract）。如前所述，东印度公司获得的特许状是授予“从事和东印度之间贸易的伦敦商人们的代表和集团”的，集中于东印度贸易的贸易商人的“集团”，便是“东印度公司”。比方说，东印度公司被授予了可独占东印度贸易长达15年的“特许状”，除其以外的贸易公司被禁止在东印度从事贸易。英国作为提倡自由贸易的近代国家的印象想必大家都很深刻，但在伊丽莎白女王的时代，国家对海外贸易进行全面管理，通过许可特定冒险商人从事海外贸易，构筑了有利于将财富集中到女王和国家的系统。

东印度公司在获得特许状后，投资者人数立刻超过了200人，投资金额也翻倍为68373英镑（投资者人数有215人和218人一说）。这是一笔相当于国家预算30%的巨额资金。而比英国晚两年，在1602年3月成立的“荷兰东印度公司（VOC）”的投资金额，和英国相比，是英国的12倍，17世纪荷兰贸易立国决心之大，从其投资额就可以管窥一二。当时的英国还很贫穷，可以说还没有足够的资金能做中长期的打算，来成立和维持贸易公司。

东印度的地理范围

光从东印度公司的名称想象的话，想必大家会想象成为一个拥有气派的总公司大楼的大公司，但是初期的东印度公司连公司大楼也没有，名义上的总公司就设立在首位代表托马斯·史密斯的家里。在涉及东印度公司的书籍里，经常把其描绘为为了支配印度而成立的国家机构，但事实上，东印度公司是纯粹为了“赚钱”而成立的民间组织，完全不具备通过动用海军军事力量来获得海外领土的所谓“战略目的”。此外，它也不持有作为英国政府代理行使外交权、行政权、司法权、公安权等权力的想法，归根结底，梦想通过香料贸易来获取千金，成为大富豪或资本家的愿望，才是成立东印度公司的根本出发点。

东印度公司作为国家的代理人开始行使外交权和公安权，是在和荷兰竞争海洋霸权之战（17 世纪的第一次——第三次英荷战争）终结后的 18 世纪以后。直到这个时代，英国才终于赶超荷兰，成为世界贸易的主角。

“东印度”指的是从非洲大陆南端的好望角以东，直到南美麦哲伦海峡的广阔地域，这里有一望无际的印度洋和太平洋。当时欧洲各国将从印度洋到太平洋的广阔地域称之为东印度。印度洋、红海、波斯湾、安达曼海、东南亚海域、南海、东海、太平洋和如此广阔的东印度之间的直接贸易，女王全部委托给了东印度公司，独此一家。

实际上，和东印度之间的贸易，除了东印度公司以外，还有利凡特公司、莫斯科公司等多家贸易公司也有参与，但是香料贸易都是仅限于通过葡萄牙人、威尼斯人、俄罗斯人、波斯人等中介商人的间接贸易。有史以来，英国东印度公司初次尝试英国人和东印度地区进行直接贸易。

名义上，英国贸易商人和基督教国家的国王所有领土以外的地域进行贸易，需要获得特别许可，不是说可以无限制在哪里都能进行贸易往来。例如禁止和当时支配世界的大国西班牙、葡萄牙所有领土进行贸易等，英国对这两个国家形式上给予了足够周全的考虑。表面上避免和西班牙、葡萄牙之间的摩擦，扮演友好关系——这是女王的基本作风。比方说，即使“女王的海盗们”袭击了西班牙帆船和葡萄牙船只，女王也绝不承认偷袭的事实，继续主张和两国之间的友好关系，这也是同样的逻辑。

东印度公司最初从女王那里获得了15年的贸易独占许可，因为对贸易独占的时间有所限制，特许状的有效期过后，需要颁发新的特许状。每次为了争夺独占权益，在伦敦包括王室成员在内的贸易商人，就会展开激烈的争夺战。东印度公司在1858年决定解散（依据印度改善统治法，行政权转移到印度当局），直到1873年特许状失效，正式解散为止，围绕合同更新，在英国国内的权益斗争一直绵绵不断。

组建贸易商船队

身为辛迪加式集团的东印度公司，利用投资调度了数艘帆船，组建了远洋航海的贸易商船队（voyage）。日语经常把“voyage”译为“航海”，但也有“贸易商船队”的意思。为了组建贸易商船队，需要调配船员，准备食品、衣物等。调配帆船的方法多种多样，最方便且有效的方法是在大西洋上袭击、掠夺西班牙或葡萄牙的船只。此外，就是在英国国内购买或租借二手船只。只有这些可选项都不存在的情况下，才不得不采用铸造新船的方法。

贸易商船队为购买香料准备了大笔“白银”作为支付货币。白银是当时世界的通用货币，能否拥有白银，直接左右香料贸易。有记录表明第一次航海时，船队在船里囤积了大量用于支付香料货款的银块，女王也出了相当于10000英镑的银块。女王提供的银块，很可能是从西班牙船只劫掠来的赃物。

东印度公司在每次派遣船队时募集出资者，等贸易船队返航后，结算分红。解散贸易船队时，首先扣除船员的薪水和购买食品或用品的费用，调配帆船以及修理帆船的花费等必要费用后，根据香料贸易赚得的利益，按照投资比率给投资者分红。在伦敦和安特卫普的市场贩卖从东印度购买的贵重香料和从葡萄牙船只掠夺来的赃物，获得现金，给投资者分配利益。这样的结算业务，需要花费一年左右的时间。东印度公司成长为现代化的股份公司，并开始用长远眼光来从事东印度贸易，需要等到 17 世纪后期了。

执行委员是“七个海盗”

要搞清楚大海盗和东印度公司的关系，就需要具体推断出公司都有哪些执行委员。我调查了一下执行委员的身份，果然不出所料，全都是海盗。理查德·寓所布、保罗·白令、托马斯·科德尔、詹姆斯·兰开斯特、托马斯·拉巴斯坦、罗杰·豪、理查德·文奇这七个海盗，除了理查德·文奇，其余六名执行委员全都既是女王的海盗，又是作为冒险商人活跃的现役海盗。

特别是保罗·白令将其爱用的贸易船、海盗船“苏珊号”提供给了东印度公司，在执行委员中也是突出的人物。白令是派遣贸易船前往西班牙和葡萄牙并在东方地域（地中海东部）积极开展贸易的冒险商人。但是一旦在大西洋上遇见西班牙和葡萄牙船只，他就摇身一变成为海盗，以袭击西班牙船只，劫掠高额货品而闻名。

此外，东印度公司的首任代表由利凡特公司的代表托马斯·史密斯兼任，同样也是利凡特公司实力人物的约翰·瓦特担任最高顾问。瓦特在为女王陛下服务的海盗中受到破格优待，在“女王陛下的海盗”中，也是被称为“王子”的一个人物。日后，瓦特因爬上伦敦市市长宝座而闻名。有利凡特公司两名实力人物作后盾，贝林等人才得以顺利成立东印度公司。史密斯和瓦特等不仅获得巨额资产，还获得了地位和名誉。这些海盗大头目，在和权力一体化的同时，逐渐演变为权力本身。

东印度公司的主力是海盗船

东印度公司在组建贸易船队的时候，最关键的工作是调配到经受得了远洋航海的帆船以及雇用到经验丰富的船长和船员。本书通过找出第一船队使用的帆船，明确船长和航海员的身份，以便让读者们更加加深对“女王陛下的海盗”和东印度公司之间关系的理解。

被东印度公司第一船队动员的帆船一共有 5 艘，其中一艘是小型的食品搬运船，主力部队一共是 4 艘。有不少文献上写着第一船队的帆船一共有 4 艘，是将这小型的食品搬运船排除的数目。

海盗兰开斯特指挥下的第一船队一共有 500 名船组人员乘坐，1601 年 2 月从伦敦出发，1603 年 9 月返回英国。第一船队在经历了近两年半的远洋航海后回到了伦敦。主力帆船 4 艘全部得以返航，几乎就是奇迹，而且还满载着从东南亚带回的大批香料和在马六甲海峡袭击葡萄牙船只劫掠的高额物资，胜利而归。第一船队的大显身手，远远超过了大家的预料，使得东印度公司的声誉顿时高涨。

通过调查系列文件，我们终于找出了这 5 艘帆船的名称。旗舰“红恐龙号”（600 吨）、“暴徒号”（300 吨）、“阿瑟勋号”（260 吨）、“苏珊号”（240 吨），还有小型帆船“礼品号”（120 吨）。这 5 艘帆船加在一起，总吨数也不过 1520 吨。从其名称没有连贯性这一点也可以推断出，它们并不是由东印度公司命名，而是由船主们根据自己的喜好随意命名的。

继续调查帆船的所有者，发现“红恐龙号”是由坎波兰德伯爵提供的帆船，原名为“仇恨的天谴、恶意之鞭”。而这位伯爵，追溯起来也是海盗出身。此外，我们还了解到“暴徒号”“阿瑟勋号”“苏珊号”也都是属于利凡特公司的贸易船，为保罗·贝宁、威廉·葛拉维兹等大海盗所有。综上所知，第一船队的实质其实就是海盗船队。

由海盗船组成的第一船队的 5 艘帆船，究竟又是由谁实际来指挥操纵的呢？为了指挥 500 多名船员，成功实现远洋航海，就必须从英国各地招募有丰富的加勒比海远洋航海经验的船长和航海员。当时的东印度是个未知的世界，船长和航海员的人事安排，是实现航海安全和到达航行目的地的关键，也是送第一船队出航的执行委员们的共识。船长的招聘，当然不是通过报纸广告或海报来招募优秀人物，最终还是通过东印度公司上层的人脉找到船长和航海员，接着再调度贸易船。

查看船组人员的名单，发现船员和航海员也都是海盗。名单上可以找到詹姆斯·兰开斯特、约翰·米德尔顿、威廉姆·布罗德本特、亨利·内帕、罗杰·汉金等大名。实际上，他们是被雇用为第一船队的最高领导，也是不折不扣的现役海盗。这是一个被严格挑选出来的对地中海贸易和大西洋上的海盗行为得心应手，并具有丰富的远洋航海经验的精锐部队。

成功关键在于多国领航员

留名世界史的弗朗西斯·德雷克，通过向西行成功实现了环绕世界一周，在这个意义上，它意味着英国拥有东印度路线航海的先例。

但是德雷克的环球航海是几近奇迹的伟业，事实上，德雷克以后的冒险商人们也曾多次挑战，但连东印度都没有能够到达。大多数的冒险商人乘坐的帆船因为触礁而动弹不得，或者是因为暴风雨，帆船被毁坏而无法生还，东印度贸易对于英国来说，只不过是个“画在纸上的面饼”。而这样的英国能够进军东印度贸易的秘诀之一，就是领航员的存在。

而且这是个由英国人、荷兰人、葡萄牙人组成的多国团队。通过聘用竞争对手国和假想敌国的专家，英国终于得以第一次成功派遣航海船队。首任代表托马斯·史密斯等东印度公司主要成员们，向女王信心百倍地提交了公司成立请愿书的背景里，也有这些领航员的存在。

英国的领航员约翰·戴维斯参加过荷兰的东印度贸易，是东印度公司看重其经验特地聘请来的人才。荷兰人菲利普·格鲁夫的工作是协助首席领航员戴维斯，估计是戴维斯带来的人才。此外葡萄牙人彼得·法兰西斯也是戴维斯的助手，他们组成的团队被动员参加了东印度公司的初次航海。正是多亏有这些多国领航员的指引，东印度公司的第一次航海得以顺利经过好望角，横渡印度洋，开启了东印度贸易的篇章。获得远洋航海经验丰富的人才和收集东印度航海路线的相关信息，领航员在航海中所扮演的重要角色，远远超过了我们的想象。

指定伦敦为进出港口

东印度公司送走第一船队是在1601年2月，女王颁发特许状后仅两个月。当时，为了组建以远洋航海为前提的贸易船队，至少需要 6 个月以上的时间，可见发起人在获得特许状很久以前就已经开始调度帆船，征集操纵帆船的船员，完成了基本的准备工作。

东印度公司在获得特许状时，贸易船的进出港口被指定为伦敦港。海盗参与的贸易船队一般是从普利茅斯或朴次茅斯港口等面对欧洲大陆的港口出港，但东印度公司的贸易船依据伊丽莎白女王的命令，必须从伦敦市内流淌的泰晤士河的码头出港。将贸易港限定在伦敦的理由，无疑是为了在伦敦统一管理关税征收，从而切实可靠地增加政府的国库收入，不放过任何逃税行为。

当时偷运和秘渡现象横行，冒险商人们的常规做法就是故意将贸易船靠岸远离伦敦的普利茅斯港口，来逃避女王的视线，偷税漏税。后来作为奴隶贸易的据点而繁荣的布里斯托尔港口和利物浦港口，也都是在远离伦敦城堡里权力阶层视线的偏远地带。为了防止可以预料到的偷税行为或大规模的偷运，从事高额商品贸易的东印度公司的进出港口，无论如何也必须指定在女王脚下的伦敦泰晤士河码头。

迷人的香料贸易

香料的魅力

大海盗们一方面在加勒比海和大西洋反复袭击、劫掠西班牙和葡萄牙船只，一方面开始着眼于正当的香料贸易。

16 世纪诞生的利凡特公司和东印度公司，为开发带给英国财富的商品贸易而四处奔走，最后得到的结论是香料贸易是最有效的商品贸易。无论路途有多远，沿路有多么艰辛，也一定要把高额且珍贵的香料弄到手，可见当时大海盗们对香料的执着之心非同寻常。他们之所以如此被香料吸引，在于它是实现一举获千金美梦的“宝贝”。

但是，在16世纪是葡萄牙，17世纪则是荷兰支配了世界香料市场，英国没有插空的缝隙。利用了威尼斯商人流通路线的葡萄牙和对其挑战的新兴势力荷兰，支配了香料的购买、流通以及销售，英国在其中的哪个环节开拓活路，这是个关键。

香料的岛屿

胡椒、桂皮、生姜、肉豆蔻、丁香、肉豆蔻花（肉豆蔻的假种皮）、小豆蔻、孜然、薄荷、牛至、胡荽（香菜）、藏茴香、鼠尾草——这些香料是法国菜、意大利菜、中国菜里不可或缺的。原来只有在高级食品店里才有销售的香料，现在在哪里都能简单到手。但是回顾近代史，围绕香料的国家之间的竞争激化，演变为出动大批海军和海盗船的香料争夺战。能否获得贵重且昂贵的香料，直接左右了国家利益。

为了寻求这些香料，从16—18世纪起，英国和欧洲大陆组建的贸易船队，奔赴地球反面的两个印度：一个是真正的印度，另一个是意味着“印度的岛屿（尼西亚）”的印度尼西亚。在印度获得胡椒和桂皮，在印度尼西亚获得肉豆蔻、丁香和肉豆蔻花。印度尼西亚拥有大小多样的岛屿，像肉豆蔻这样贵重的香料，在当时只有在马鲁古群岛的安汶岛、班达群岛、爪哇岛西部等地才可以得到，所有英国和欧洲大陆的贸易商船们，不惜冒险远洋航行，也要奔赴前往这些岛屿。英国人和欧洲人也自然而然地将这些长满了香料的马鲁古群岛和班达群岛，都统称为香料群岛。

现在香料是我们饮食生活中不可或缺的食品材料，但是在16—18世纪，是只有富裕阶层才可以得到的贵重物品和奢侈品。正因为香料只有在东印度地区才可获得，对于英国和欧洲的富裕阶层来说，它是令人垂涎三尺的商品，因此希望通过香料贸易来一举成名的贸易商人们层出不穷。印度尼西亚的马鲁古群岛、爪哇岛西部等地成为香料贸易的最前沿，紧随在香料贸易上一马当先的葡萄牙、荷兰也加入香料贸易，现在英国也接着挤入当中，形成了三国争霸的格局。

香料的医药品之说

为什么大家对香料趋之若鹜呢？香料的效用不仅仅是增添味道、风味。在这里必须提到两个香料的有力说法：第一个是为了治疗疾病的医药品之说，另一个是食用肉类的保存用法之说。

第一个是作为医药品的香料。当时在英国和欧洲大陆，香料被当作疾病的治疗药品使用，人们普遍认为对肠胃和肝脏等内脏疾病有效。煎香料服用，据说对发高烧的患者有降温效果，也用于止泻。绽放着馥郁香味的香料，还被认为有安神的作用，据说香料作为外伤用药也有药效。所以对于富裕阶层来说，香料是不可或缺的万能之药。因为香料可以治愈百病，帮助恢复健康，所以也被研究用于日常饮食，渐渐开始用于食品加工。作为治愈疾病和长生不老的妙药，香料被富裕阶层所珍爱，想到这些，也就可以理解香料的高人气之谜了。

詹姆斯·密尔顿所著的《香料战争》（日译书名）一书中，对香料的效果做了如下阐述。肉豆蔻，这个植物的种子，在17世纪的欧洲，拥有不惜赌上生命也要将其入手的医学特性价值，是万人所求的奢侈品。原本就很贵重的肉豆蔻，自从伊丽莎白女王执政期间，伦敦医生开始说，治疗从打喷嚏开始直至死亡的传染病“传染性瘟疫”的唯一特效药就是肉豆蔻制作的香囊后，肉豆蔻的价格更是直线上涨。

这里，我们可以了解到香料在16—17世纪，作为疾病的治疗用药受到富裕阶层的喜爱，获得高人气的事实。但是，香料只有从英国乃至欧洲大陆不惜冒生命风险漂洋过海最终到达东印度，具体来说是现在印度尼西亚所属的马鲁古群岛的安汶岛、爪哇岛，才可以到手。往返的航海花费两年以上的时间也不稀奇，遇难的帆船不计其数。但正因为如此，香料得以被高额销售。海盗们通过香料贸易获得巨大财富，变身为资本家，操纵了英国的海外贸易。

保存食用肉类之说

第二个是保存食用肉类的说法。从英国和欧洲大陆广泛使用肉类食品一点就可以看出，当时在英国畜牧业繁荣。但足够过冬的牧草储蓄不够，担心牛、猪、羊的放牧数目和牧草的平衡关系会被破坏，每年在渡过严冬之前都要处理掉大量的牛羊。

从宰杀的牛身上获取的牛皮和从羊身上得到的羊毛，被制成衣物制品。英国的毛纺织业和皮革产业之所以兴旺的原因之一，就在于每年都能从牧场得到丰富的原材料。

如何保存大量的牛羊肉，成为一个大问题。现代，我们有冷冻、冷藏等手段，但在没有这些手段的16—17世纪，一般的保存方法就是用盐腌制，或者使用植物油浸泡。后来研究出熏制的方法，火腿和咸肉也由此诞生。据说除了盐和食用油，人们还使用了胡椒等香料，这就是保存肉类用途说法的根据。我们可以找到不少学说文献，都提到为了保存肉类，也为了除去肉类腐败的臭味，香料得到广泛运用。

中世纪欧洲人到底过着怎样的饮食生活，为了揭开这个谜底，我翻开了布律诺·洛里奥所著的《中世纪欧洲食物的生活史》(日译书名)。该书以14—15世纪的饮食生活为对象，从中可以了解当时具体的饮食生活概况。食用肉类食品的习惯已经形成，贵族社会开始对肉类食品使用各种香料，但是和我的预料相反，几乎没能找到积极使用香料来保存肉类的相关描述。而且将香料用于饮食的目的也只有“药的原料”“有助于消化肉类”相关的叙述，还写到药剂师将香料分为小袋销售，明确表明当时香料作为药品被开在处方上。可以看出香料并没有为了增添滋味或是保存肉类而被大量使用。

回顾16—17世纪，富裕阶层没有食用保存肉类而是食用新鲜肉类的可能性极高。相反，如果长期保存的肉类和腐败肉类的消费者不是富裕阶层，而主要是平民阶层的话，不太可能会为了保存肉类而购买大量的香料。当然也有富裕阶层为了保存肉类使用香料的相关叙述，但绝不占主流。

和布律诺·洛里奥持有同样见解的是法国年鉴学派的历史学家让·路易斯·兰特连。对于“香料用于保存食用肉类，或者是隐瞒保存状况恶劣肉类的臭味的说法”，他坚决表明“绝对不能得到认可”。兰特连明确指出“肉类和鱼类的保存用剂基本上是盐、醋、植物油，不是香料”，激烈批判了不合实际的保存肉类说法蔓延的现状。(让·路易斯·兰特连以及其他所编《食品的历史》的第二卷第二十八章，日译版)

归根结底，作为治疗疾病和外伤用药，香料受到重视，正因为香料是关系到生命的商品，所以才被高额销售，这么理解的话，就顺理成章了。追求高风险高回报的海盗们的香料贸易，是以肆意挥霍的富裕阶层们旺盛的香料需求作为背景。

香料和调料

谈到香料，其实种类多种多样。香辛料是香料的一部分，但香料里还包含焚香、化妆香料等。在这里我们对香料进行简单的归类，理清其用语、用法。山田宪太郎所著的《香料的历史》，将香料分为以下三个种类：

1. 焚香料——以闻气味为主要目的。“加热使其燃烧，享受香烟”。白檀（sandalwood，印度和东南亚原产的长绿树），沉香（将热带产的香木埋在地里，使其腐蚀制成的香），麝香（雄麝鹿的分泌物做出的香料）都是其代表。

2. 化妆香料——化妆品，“将香料混入油脂，让香气渗透出来，制成香油或者香膏，抹在身上”。代表例子有玫瑰、茉莉、白檀等。

3. 香辛料——将用于饮食的香料称为香辛料，增添滋味和刺激，“香气和药效互相从属之物”，用于“增添饮食的风味”。胡椒、桂皮、肉豆蔻、丁香、肉豆蔻花、小豆蔻等为代表。

英国和欧洲大陆诸国，在各种香料候选中，特别为了寻求香辛料，派遣贸易船队前往东印度。为了进口香料，英国成立了以香料贸易为主的东印度公司，荷兰也宣布成立东印度公司。

葡萄牙的贸易独占

英国、荷兰纷纷成立了东印度公司，但其实早在一百年前就已经有开始在欧洲大陆从事香料贸易的国家，那就是曼努埃尔一世统治下的葡萄牙。曼努埃尔一世倾注热情在东印度购买香料，打着寻找基督教徒国王的名号，在1497年派遣瓦斯科·达·伽马率领小型贸易船队出发。

1498年，达·伽马发现了东印度航路。以此为契机，葡萄牙组建了多次贸易船队，从印度到东南亚，甚至包括中国、日本，大大扩大了贸易网。此时，中国已经使用了大量的香料用于医学，注意到这一点，葡萄牙想到了一个好主意，大量进口香料以用于医学，在欧洲大陆销售。这样，香料在16世纪传播到欧洲，成功地挖掘了贵族和富裕阶层的需求。

在近代医学诞生之前的欧洲大陆，香料作为治疗疾病和外伤、延长寿命的秘药备受推崇，香料旋风席卷了整个欧洲大陆。独占香料贸易的葡萄牙，逐步完善在东印度地区的贸易据点，并构筑了庞大的香料贸易网络。

葡萄牙在欧洲大陆销售香料之际，伙同威尼斯商人，通过天主教派贸易商人来当香料贸易的中介，构筑了香料贸易的流通、销售渠道网络。香料贸易的流通销售网，花费了很长时间得到逐步完善，不是外界人可以简单接触到的。而通过多名买卖人的中介，香料的销售末端价格被提升为几近天价，但就连这也是葡萄牙蓄意设下的机关。

被香料的流通销售网挤出来的是基督新教派的贸易商人。基督新教派的英国和荷兰无法进入被天主教派商人所支配的香料流通渠道，不得不花费高额价格来购买流通渠道末端销售的香料。香料已经成为英国和荷兰的富裕阶层不可或缺的医药品，如何用低廉的价格获得大量的香料，成为英国和荷兰当前最大的课题。

西班牙和葡萄牙在全球贸易中，有着绝对的影响力，所以英国和荷兰放眼于受其影响较小的东印度地区。为了以东印度为据点，急剧扩大香料贸易，荷兰积极组建了贸易商船队，领先英国好几步，开始支配 17 世纪的香料贸易。这也如实反映了两国对海外贸易所持态度的差别。英国归根结底，一直以来以“女王陛下的海盗”为中心，肆意劫掠；而将贸易作为主要国家政策的荷兰则坚持通过贸易来实现国家繁荣。两者的国家政策之间有着天壤之别。

诱因是新兴国家荷兰

新兴势力荷兰成功地加入了长期以来被葡萄牙独占的香料贸易的事实，不仅对于英国，对整个欧洲大陆，都是一个强烈的震撼。此前，被誉为绝不外传的葡萄牙东印度贸易航线图，通过机密途径，流失到荷兰。无论是什么时代，能否获得机密情报，都直接左右国家命运。

荷兰于 1595 年 4 月，在阿姆斯特丹组建了由 4 艘帆船组成的船队。船队途经非洲南部的好望角，成功到达印度尼西亚爪哇岛。往返花费了 2 年 4 个月的远洋航海途中，船组人员 240 人中有 153 人患上热病或败血病，得以无恙而返的仅为 87 人。可以想象航海旅途之严峻。除了因为触礁而不得不抛弃的帆船以外，剩下的 3 艘船在 1597 年 8 月回到荷兰。虽然付出了巨大的人员伤亡代价，但是荷兰得以从此开启了香料贸易之路。

自从 1595 年第一次派遣贸易船队以后，荷兰频繁组建派遣船队参加东印度贸易，1599 年回国的贸易商船队（由雅克布·范·涅克指挥），通过香料贸易获得 400% 的利益，东印度贸易热潮席卷全国。荷兰成功地正式加入了在 16 世纪的一百年间几乎由葡萄牙一国独占的东印度贸易，这也大大鼓舞了英国的冒险商人，成立东印度公司的时机，日渐成熟。

东印度和贸易公司

一家独占贸易

伊丽莎白女王授予特许状的贸易公司当中，东印度公司最负盛名，但多数读者可能并不知晓其实还有众多的贸易公司，也得到了认可。有利凡特公司、莫斯科公司、土耳其公司、威尼斯公司、西班牙公司、安大路西亚公司、弗吉尼亚公司、百慕大公司、新英格兰公司、纽芬兰公司、西北航海公司、普罗维登斯公司等。从地名上就可以了解到，贸易领域覆盖了从地中海到大西洋，甚至包括北美大陆，而被许可在指定各地从事贸易的公司里，唯一可以和东印度公司相提并论的，只有利凡特公司一家。

如雨后春笋般在各地诞生的贸易公司的寿命，都毫无例外的短暂。有限的可以投资的资本家，在给好几个贸易公司投资的同时，不停地窥探更有利的商机，各家贸易公司属于激烈的竞争关系。女王和冒险商人，遵循弱肉强食优胜劣败的竞争规则，不仅为其自身，也为英国构筑了获得最大利益的系统。

不能获得利益的贸易公司，立刻就解散——这是英国在求富路上采用的大原则。其中做出突出业绩的是利凡特公司。以利凡特公司为母体，东印度公司作为新的组织诞生了。最终，原是母体的利凡特公司被东印度公司吸收，东印度贸易合为一体。

利凡特公司——贸易公司的出发点

接下来，让我们来了解一下从事东印度贸易的源流——东印度贸易的两家公司，利凡特公司和莫斯科公司。当然，其经营层是被称为冒险商人的海盗们。

利凡特公司（1591 年成立）独占东方地区（地中海东部）贸易，是从伊丽莎白女王那里获得了贸易独占的“特许令”的“被特许公司”。以从奥斯曼帝国获得贸易特权的土耳其公司（1581 年）为母体，与通过香料贸易营业成绩得到大大提高的威尼斯公司于 1583 年实现企业合并，在此基础上成立了利凡特公司。地中海的据点设在奥斯曼帝国的首都伊斯坦布尔（原名君士坦丁堡）。伴随着东印度公司的生意兴隆，利凡特公司从香料贸易第一线退下后，也继续细水长流从事贸易活动，一直到 1825 年解散为止。

莫斯科公司（1555 年成立）从玛丽女王时代起独占俄罗斯地区贸易，同时扩大往波斯和印度陆上运输贸易，采用了以印度产胡椒和印度尼西亚产香料作为商品，提高营业成绩的战略。因为利凡特公司灵活利用威尼斯商人的贸易网络，从事着同样的商品贸易，两者处于激烈竞争的状态。

但是，莫斯科公司采用了从俄罗斯陆路南下至波斯的路线，途经波斯进行的东印度贸易没有走上轨道，同时，老行当的俄罗斯贸易的业绩也不佳，莫斯科公司在1698年贸易独占权被取消。换而言之，对于王室来说莫斯科公司已是个不能赚钱的贸易公司。同时，利凡特公司通过在地中海东部采购的红酒、橄榄油、干葡萄、绢制品、土耳其地毯、阿拉伯马等产品，提高公司收益，接着又成功开拓了途经波斯湾的香料贸易业务，逐渐成长为强有力的贸易公司。在东印度贸易中获得成功的利凡特公司投资家们，为了获得更高利润，又成立了东印度公司。

有关地理名称，需要提醒一下读者。利凡特（Levant）和勒班陀（Lepanto）是两个完全不同的地方，但经常会遇到将两者混淆的文章。利凡特是表示地中海东部的名称，主要城市是黎巴嫩北部的港湾城市的黎波里，连接地中海和幼发拉底河流域的叙利亚内陆城市阿勒颇等。而勒班陀是西班牙伙同天主教同盟国，与奥斯曼帝国一决雌雄的勒班陀海战（1571年）中登场的希腊港湾城市，在此次海战中获胜的西班牙掌握了地中海的霸权。两者的确都是地中海沿岸的港口城市和地区的名称，但所在地完全不同。这种名称的混淆在翻译为日文时，特别容易发生。因为用日语的片假名表达时，Levant和Lepanto容易混为一体。

东印度公司和利凡特公司

利凡特公司和威尼斯商人联手，先着手于东印度贸易，但为何伊丽莎白女王会允许成立和利凡特公司竞争的东印度公司呢？如前所述，最大的原因在于荷兰加入东印度贸易。在西班牙和葡萄牙支配了世界贸易的时代，新兴国家英国和荷兰通过积极参与东印度贸易，竞相积累财富。但是在1595年荷兰领先英国，成功开拓了途经非洲南端好望角的航海路线，而利凡特公司必须通过中介威尼斯商人的东印度贸易，明显已经走到了尽头。因此利凡特公司的总裁托马斯·史密斯和冒险商人们共同构想成立取道非洲南端的好望角的新贸易公司，恳请女王允许成立享有东印度贸易独占特权的东印度公司。

利凡特公司和东印度公司最大的差异在于他们活动的地理范围。原本利凡特公司是仅被许可在地中海东部活动的贸易公司，而东印度公司被允许的活动范围则是整个东印度本身——印度洋、红海、孟加拉湾、安达曼海、东南亚海域、南海、东海、太平洋等。所以尽管东印度公司也是从事香料贸易，但是通过和利凡特公司不同的地理划分，得以开展独立的商业活动，并获得了成立的许可。

后来的东印度公司

不仅是英国，荷兰、法国、丹麦、瑞典等国都相继成立了东印度公司。各家东印度公司都是在近代国家的形成过程中，作为以东印度地区为对象的贸易公司而成立，各国也都给予其贸易独占权。这些独占权都是由各国国王或国家政府授予，但各家东印度公司都是引进民间资本的民间贸易公司，而不是全由国家投资的国有企业，这也是它们的共通之处。贸易手段有物物交换，也有通过白银作为结算货币。南美的波托西银山、日本的石见银山、欧洲大陆产的白银，通过东印度公司驰骋世界。

东印度公司从建立到解散的约270年间，一直从事香料贸易，但是香料作为稀有商品而价值连城，可高价销售的时代渐渐过去，香料贸易出现了衰退的迹象。18世纪后期至19世纪，香料的稀有价值大大衰退。因为英国和荷兰竞相开展香料贸易，使得大量的香料从东印度流入欧洲大陆。香料的大量进口降低了商品的稀有性，价格也开始下滑，终于一般民众也可以开始享有香料的恩惠。

到了这个时代，现代医学逐渐发达，治疗疾病的方法得到开发，对香料的认识也有了变化，香料与其说是作为万能药，不如说是作为现代所谓的预防医学和药膳饮食的材料来开始使用。其普及更加大众化后，香料被当作膳食的调味料使用，并建立了稳固的地位。

东印度公司的确是通过香料贸易成功的贸易公司，但是并不是直到 19 世纪只从事香料贸易。商品贸易的内容，随着时代的变迁而不断变化。

在第一代的大海盗活跃的 16—17 世纪中期，香料是主要商品，接着第二代登场的 17 世纪后期至 18 世纪，咖啡、绿茶、红茶、棉织物的需求日益增高，占贸易交易额的香料比例显示出下降的趋势。从印度采购棉织物，在波斯进口骏马、地毯、丝绸，接着在阿拉伯半岛收购马和乳香。

美国独立战争、中国鸦片战争、印度普拉西战役的背景

进入 18 世纪后期至 19 世纪，亚洲地区贸易日益繁荣，为了支付中国茶的进口金额，将印度产的鸦片卖给中国人的鸦片贸易也盛况空前。作为让中国的富裕阶层吸鸦片的手段而召开的鸦片沙龙的生意，也是日渐红火，在沙龙里还特意安排了年轻中国女子来招揽和接待鸦片客，成功开拓了市场需求。东印度公司称其对中国想尽各种手段促进鸦片贸易。前往现在上海浦东新区的东方明珠里设立的博物馆，就可以看到部分当年鸦片沙龙的景象。

如上所述，17—19 世纪，东印度公司适应时代需求，不断更新

其贸易内容，正因如此，公司的寿命长达罕见的270年之久。

东印度公司不仅作为贸易公司，作为支配印度的庞大殖民地军队，留下的印象也很深。为了统治国土广大的印度，东印度公司从英国政府获得行政权、外交权、司法权、警察权、税收权，甚至可以拥有独立的军队，远远超过了一家贸易公司的范畴，具备了政治性功能。

为了独占贸易，东印度公司制定了不让公司相关者以外人员参加贸易的体制。将中国茶出口到英国，为了获得中国茶的收购经费，又将印度产的鸦片出口到中国，将中国茶独占性地出口到美国，将印度产的棉织物印花棉（Calico，因印度南部港口城市科泽科德得名）和印度尼西亚产的香料，还有也门产的摩卡咖啡进口到英国——从事所有这些贸易的都是东印度公司。

采用强硬的手法独占贸易270年之久，必然会有问题发生。东印度公司向新大陆美国独占性出口中国茶，英国制定的《茶条例》（1773年）引发了美国人的强烈不满，波士顿倾茶事件爆发。这个《茶条例》是为了挽救财政状况日益恶化的东印度公司而制定的，根据该条例，关税被降低，美国人可以购买到价格更加低廉的中国茶。一方面可以尽快处理掉伦敦仓库中堆积如山的中国茶叶，另一方面美国人可以购买到价格更加低廉的茶叶，本来应该对于英美双方都是一件好事情。但是美国人对英国针对殖民地的赋税权利增大表现出警惕，而且因为中国茶价格下降，对于以偷运茶叶到欧洲大陆（荷兰、法国、瑞典）谋生的美国偷运业界人士来说是一个巨大的打击，从而引起强烈的反抗，并引发了倾茶事件，最终成为美国独立运动的导火索。

由此可见，因为东印度公司的强制性贸易独占，引发了美国的独立战争（1775—1783年），中国的鸦片战争（1840—1842年），还有印度的普拉西战役（1757年），独占贸易的一系列过程，也是一段引发巨大政治问题的历史。

东印度公司贸易独占的弊端日趋显著，英国在1858年决定解散东印度公司。同时，制定了《印度统治改善法案》，东印度公司的行政权被英国政府剥夺。从此以后，英国政府直接统治印度的时代开始。

原本东印度公司就是为了独占性地进口在东南亚地区才能到手的肉豆蔻、丁香等香料，而成立的单纯的贸易公司。伴随大英帝国的发展壮大，这家贸易公司也逐渐变质为代替政府履行职责的强有力行政机关。

第四章

从咖啡到红茶——资本的想法和近代社会的成熟

沃尔特·罗利创建了会员制的“海洋俱乐部”，他是将北美大陆的马铃薯和烟草带到英国的传奇性海盗。

咖啡贸易和海盗商业

摩卡咖啡的登场

对日本人来说，耳濡目染的摩卡咖啡的名称，是对从阿拉伯半岛的东南部（现在的也门）摩卡港运出的咖啡所命名的咖啡品牌。摩卡港是早在15世纪末就成为咖啡贸易据点的港口小城。海盗们瞄准的下一个赚钱的对象就是咖啡。

东印度公司的贸易商船，从南非的好望角横渡印度洋奔赴东南亚海域的途中，为了船员的休养、疾病的治疗或是帆船的修理，不得不在马达加斯加岛和索科特拉岛逗留2—3个月。浮现在亚丁湾上的索科特拉岛（现归属也门），自从登记为世界自然遗产后，受到欧美观光游客的瞩目，但在当年，对于经营东印度公司的海盗们来说，这个岛屿是建立休养和治疗司令部的贼岛。海盗们以索科特拉岛为据点，在亚丁湾沿岸的亚丁港和摩卡港，目睹了繁荣的咖啡贸易。

当时，摩卡和亚丁作为印度洋贸易的中心地而日益繁荣，并成为与印度莫卧儿帝国的首都苏拉特以及波斯贸易的据点。在地中海东部建立贸易网络的中介威尼斯商人们，已经确立了从伊斯兰商人手中购买咖啡，接着转手销售到英国和欧洲大陆的流通渠道。而试图破坏该流通渠道的，正是英国海盗们经营的东印度公司。

威尼斯商人的活跃和暗中活动

在这里，让我们来回顾一下咖啡贸易整体的历史。咖啡贸易从16世纪末开始到19世纪，主要是意大利、英国、荷兰三国参与其中。

- 意大利威尼斯商人（16世纪末至17世纪初）
- 英国利凡特公司（16世纪末至17世纪初）
- 英国东印度公司（17世纪至19世纪）
- 荷兰东印度公司（17世纪至18世纪）

19世纪英国人喝的咖啡，无疑是摩卡咖啡。通过威尼斯商人的流通渠道，利凡特公司采购销售。摩卡咖啡的产地是奥斯曼帝国支配下的阿拉伯半岛南部的也门附近。通过海路或陆路，带到开罗（现埃及首都）或亚历山大港，再通过海路运往威尼斯。

掌控流通渠道的是和英国的文豪威廉·莎士比亚生活在同一时代的"威尼斯商人"。尽管奥斯曼帝国和欧洲诸国处于敌对状态，但和海上都市威尼斯一直保持着贸易关系，面向英国和欧洲大陆各地出口的咖啡，就是通过威尼斯港巧妙地运输出去。利凡特公司和威尼斯商人也保持着友好的交易关系，双方联手使摩卡咖啡得以出口到英国。

直到东印度公司直接从产地收购摩卡咖啡之前，威尼斯商人作为摩卡咖啡贸易的指挥塔，长期耸立于阳光倾注的地中海。

但是，到了17世纪，英国的东印度公司经过非洲南部的好望角，将帆船暂停于摩卡港口，成功地直接从土耳其商人手中采购摩卡咖啡，开拓了可以大量并且稳定地进口咖啡的渠道。因此，利凡特公司对咖啡的独占贸易崩溃，因为完全无法和东印度公司价格低廉的咖啡竞争，利凡特公司不得不从咖啡贸易中退出。

自从东印度公司从摩卡港直接进口大量咖啡以后，英国开始定期进口咖啡。随着咖啡的消费急剧扩大，掀起了咖啡热潮，如后所述，咖啡馆也雨后春笋般地接连诞生。

咖啡贸易的主角

在英国的咖啡贸易中，被东印度和利凡特两家公司制定的独占机制所控制，通过他们的正规途径以外进口咖啡的话，都属于偷运。如前章所述，这两家公司都是大海盗们说服伊丽莎白女王获得了独占贸易特许状后成立的国策公司。

咖啡贸易的先锋是霍金斯家族和米德尔顿家族等大海盗家族。他们率领东印度公司的贸易商船队，停靠摩卡港和亚丁港，摸索着不依靠威尼斯商人已创建的渠道，直接进口咖啡。

东印度公司的董事会在1606年末至1607年初，决定参加和莫卧儿帝国的贸易，积极寻找在亚丁港建立商务馆以作为中转地的可能性。原本预定在印度西部的苏拉特建立商务馆，但分析存在被葡萄牙势力阻挠的危险，所以采用了在亚丁港设立据点的迂回战术。这样，东印度公司在1607年，任命威廉·基林为商船队长，威廉·霍金斯为副商船队长，派遣第三次贸易船队前往东印度地区。

基林和霍金斯都是海盗的大人物，特别是霍金斯是海盗名门一族的公子。我们调查组成第三船队的帆船“巨龙”“赫克特”“肯森特”等，也都是海盗船。

东印度公司加入咖啡贸易是在伊丽莎白女王过世后的17世纪初。是斯图亚特王朝的苏格兰国王詹姆斯六世，作为英国国王（正确地说是英格兰国王）詹姆斯一世继位的时代。

本书聚焦16世纪后期，描述“女王陛下的海盗”，咖啡贸易本来超出了本书涉及的时代范畴。但是，回顾以海盗贸易为出发点的东印度公司，是如何让咖啡贸易走上轨道，描述海盗商务之后的发展，也并不算浪费篇幅。从中，我们可以看到此后成功开启了咖啡馆时代的海盗后裔们和东印度公司的身影。

武力和外交的软硬皆施

威廉·霍金斯擅长土耳其语，可以和摩卡、亚丁的土耳其人直接进行交流，以此为契机，东印度公司找到了在阿拉伯半岛的踏脚板。操着一口流利的土耳其语的霍金斯，1608年拜访了摩卡和亚丁支配下的萨那（现也门首都）的伊斯兰教教主，成功地为其获得贸易许可做下铺垫。

但也不都是一帆风顺，第三船队在登陆索科特拉岛短暂休养后，前往亚丁港，但在亚丁建立商馆的交涉却以失败告终。东印度公司在海盗霍金斯的援助下，着手在摩卡、亚丁、苏拉特建立贸易据点，但事实上贸易据点的完成花费了10年的时间。认识到海盗贸易船队的“力量型外交”的局限性后，贵族出身的外交官托马斯·罗爵士作为谈判代表加入。外交谈判结果，最终获得了直接谒见莫卧儿帝国王储的机会，会谈后得以在苏拉特建立贸易据点。

如上所述，东印度公司巧妙地运用了“海盗的武力”和“外交官的交涉能力”，采用了软中带硬、软硬皆施的方法，成功地发展了东印度贸易。

东印度公司在1619年，派遣了霍金斯的亲信——被期待成为下一代海盗头领的威廉·芬奇，作为谈判代表再度前往摩卡，并成功获得了东印度公司的贸易船队自由进入摩卡港的许可。从此以后，东印度公司得以开始大量地采购咖啡。作为清醒兴奋和镇痛的医药品，以地中海东部的伊斯兰教圈为中心，咖啡的消费已经扩大到莫卧儿帝国、欧洲大陆甚至英国本土。东印度公司意识到这一点，更加重视咖啡贸易。因为稀少而价格昂贵的咖啡，对于开发新市场来说再合适不过了，东印度公司的人也逐渐信心倍增。东印度公司选择咖啡的一大供给地——摩卡作为贸易据点，后来顺利掌握了咖啡贸易的主导权。

东印度公司在17世纪，开设了从印度洋西南部到阿拉伯海，纵贯南北的贸易路线，连接阿拉伯半岛摩卡——印度西北部苏特拉——锡兰岛科伦坡的航路，一口气扩大了东印度公司的贸易网络。

清醒和镇痛的饮料

为何是咖啡贸易

对于富裕阶层来说，香料作为疾病和外伤的特效药、万能药，不仅是不可或缺的医药品，也是具有稀有价值的世界商品，海盗们也为了获得香料，展开了激烈的争夺战。但是，从16—18世纪，咖啡还并没有成为这样的商品。也就是说，从东印度公司的商业角度上来说，咖啡还没有成为和香料一样可以带来巨大利益的商品。

但是，无可非议，咖啡事实上已经成为获得一定声望的商品。它被宣传为可以振奋精神、解除压力、缓解痛苦并具有镇痛效果的饮料。伊斯兰教徒支配下的奥斯曼帝国，已经形成了一边喝咖啡一边交谈的习惯，甚至有传闻记载像咖啡馆这样的集会场所也已诞生。

和作为医药品已经享有公认好评的香料不同，咖啡虽然纯利润要更小，但是只要改变销售手法，极有可能摇身变为能赚大钱的商品，因此东印度公司积极开展起咖啡贸易来。

清醒剂和药用饮料

咖啡的原产地据说是非洲东北部，埃塞俄比亚高原地带的卡法（kaffa，咖啡的发音来源），而咖啡苗和咖啡树被带到了隔着红海相望的阿拉伯半岛西南部的摩卡港口。支配了阿拉伯半岛的奥斯曼帝国，开始在摩卡周边和萨那的山丘地带种植咖啡，而在摩卡周边产出的咖啡又被带到地中海沿岸，其消费地域也逐渐向欧洲大陆扩大。摩卡咖啡可以说是世界上最古老的咖啡品种。

咖啡名字的起源，除了地名的说法以外，使食欲减退的“红酒”也是有力的候选。在现代，红酒作为刺激食欲的餐前酒，已牢牢扎根于饮食文化，但在最初饮用“红酒”是为了完全相反的目的。咖啡的阿拉伯语（qahwa），本来是“红酒”的别称，意思是去除人的欲望，和“红酒”使食欲减退之意相关。因为咖啡有去除睡意的效果，所以据说被命名为阿拉伯语的“红酒”。在15世纪初，咖啡被作为“也门的苏菲教团辅助夜间修行的饮料”，16 世纪初，“在开罗的艾资哈尔大学被饮用”，在 16 世纪中叶传播到了伊斯坦布尔（出自大冢和夫及其他所编的《岩波伊斯兰字典》）。

苏菲教团出于“使用神秘的方法来到达神的领域”的想法，“不仅是为了获得精神上的至高幸福，而且通过自我催眠进入恍惚状态，为了引起宗教上的恍惚体验，使用不同种类的药物”。在这些宗教活动中，咖啡得到利用。一提起神秘主义的苏菲教团，大家可能会想象为信者们过着与世隔绝的隐居生活，喝着神秘的饮料咖啡，但是事实上并非如此。

拉尔夫·哈托克斯所著的《咖啡和咖啡馆》（日译版）一书中写道，多半的信者们不是一天到晚都从事宗教活动，“白天在俗界做工匠或商人，为了夜间修行时振奋精神让睡意远去”而饮用的咖啡，被当作“帮助向神献身的工具”。也正因为教团的成员生活在凡俗世界，咖啡也得以广泛传播。而苏菲教团的商人们在组织巡礼商队时，携带了大量的咖啡，将其带到开罗和叙利亚。而咖啡在 16 世纪中期传到伊斯坦布尔后，开启了饮食文化史的新篇章。

翻看解说咖啡的书籍时，不时会看到有关山羊的传说登场。传说是这样的：牧羊人迦勒底带着山羊去了新的牧场后，山羊们兴奋不已晚上也睡不着。寻找其中缘由，发现山羊们原来吃了咖啡的果实。从中得到启发，在伊斯兰教寺院做礼拜的时候，信者们也煮咖啡喝，就再也不会打瞌睡了。

但是涉猎阿拉伯语文献广泛，造诣颇深的拉尔夫·哈托克斯指出“撰写了咖啡相关文献的阿拉伯人，没有一个人提到过该传说”，他推断牧羊人的传说“估计不过是欧洲人的猜想而已”。被咖啡的魅力所倾倒的欧洲人，极有可能创作了这个咖啡起源的传说。此外在阿拉伯世界里也存在有关咖啡起源的各种传说，但是尽管有关咖啡起源的传说众说纷纭，但始终没有一个决定性的发现。

作为清醒和镇痛的饮料，咖啡的重要性逐步得到认识以后，咖啡从阿拉伯半岛出口到意大利的威尼斯，并经过威尼斯传播到英国和欧洲大陆各地。因此16世纪末至17世纪初，英国进口的最早的咖啡是也门产的摩卡咖啡。

在当代，咖啡作为滋润人们生活、享受生活乐趣的嗜好品，被全世界所接受，但在当时咖啡并不是嗜好品，而是宗教生活中不可或缺的药用饮料。

作为清醒剂和医药品被人们接受的过程中，一边喝着咖啡一边谈生意的商业习惯也油然而生。17世纪在英国，作为商业据点的咖啡馆陆续诞生。

咖啡馆的出现

奥斯曼王朝苏丹苏莱曼执政期间的1554年，在首都伊斯坦布尔，世界上第一家咖啡馆诞生了。在当时，咖啡对于虔诚的伊斯兰教徒们来说是具有稀有价值的饮料，为了获得一杯咖啡，众多的伊斯兰教徒聚集在一起。16世纪初期，在伊斯兰教的圣地麦加和麦地那，还有大都市开罗，伊斯兰教徒们为做礼拜前往清真寺，已经开始饮用咖啡，所以说在伊斯坦布尔世界上第一家咖啡馆诞生的很久以前，大约是从15世纪的中叶开始，饮用咖啡的习惯已经扩大到了中东地区。有关咖啡的起源，想用历史资料来证明很难，大多都不超过猜测的领域。以下记载的是有关咖啡馆的年表：

15世纪初今天也门的苏菲教团，为了夜间修行消除倦意饮用咖啡；

1454 年在亚丁（现也门）饮用咖啡得到广泛允许，从而普及起来；

1511 年在开罗（埃及）的艾资哈尔大学饮用咖啡（咖啡馆的前身）；

1530 年在大马士革（叙利亚）有饮用咖啡记载；

1532 年在阿勒颇（叙利亚）有饮用咖啡记载；

1554 年在伊斯坦布尔（土耳其），咖啡馆诞生；

1645 年在威尼斯（意大利）的咖啡馆开张。

此后在以下各国得到普及：

1650 年牛津，"雅各咖啡馆"（英国）；

1652 年伦敦，"咖啡帐篷（玫瑰红咖啡馆）"（英国）；

1666 年阿姆斯特丹（荷兰）；

1671 年马赛（法国）；

1679—1687 年汉堡（德国）；

1683 年维也纳（奥地利）；

1686 年布拉格（捷克）、纽伦堡（德国）；

1689 年巴黎，"咖啡 Le Procope"（法国）；

1694 年纽约（美国）、莱比锡（德国）。

（出典：春山行夫［1991 年］，白井隆一郎［1992 年］，B.Lilly White［1963 年］。）

英国版咖啡馆的诞生

牛津坐落在伦敦稍靠西北的内陆大学城。谁能想到这所大学会和海盗扯上关系，但在英国最早开始喝咖啡的地方，就是牛津大学的名门贝利奥尔学院。据说是坎特伯雷大主教威廉·卢德从克里特岛带来的学者，将咖啡带到了牛津。

卢德任牛津大学校长时期，咖啡从地中海传播过来。也就是说咖啡文化的产生，是学术交流的副产品。考虑到当时的海运状况，估计是卢德大主教利用和海盗融为一体的“冒险商人”的贸易船，将学者和咖啡一起带到了牛津大学。

咖啡时代正式到访英国是在17世纪后半期，东印度公司成立已经过了半个世纪。咖啡人气开始上升是在17世纪末，而咖啡馆文化的黄金期则要等到18世纪了。到了这个时代，咖啡已经成为东印度公司的热门商品，伦敦市内的咖啡馆也是一片繁荣景象。1650—1750年的一百年间，伦敦市内放眼即是咖啡馆，最盛期时有超过3000家以上的咖啡馆挤满了大街小巷。笔者还看到有文献记载在18世纪前期，伦敦再加上周边地区的话，共有8000多家的咖啡店。伦敦作为“咖啡之都”，不仅是在欧洲大陆，就连在奥斯曼帝国也是盛名卓著。

伦敦最初的咖啡馆在1650年诞生于牛津的大学城，伦敦市内第一家则是在两年后的1652年开业。黎巴嫩出身的犹太人雅克布在牛津开的咖啡馆，瞬间就成为学生们的热门场所，大学城里的咖啡文化百花绽放。被称为清教徒革命（1642—1649年）的国王派和议会派之间激烈的政治斗争发展为内战。为结束这场战争，议会派在1649年处决了国王查理一世。领导议会派的奥利弗·克伦威尔（在牛津大学学习期间成为清教徒），成立了取代王朝政治的共和国（联邦政府，1649—1660年）。共和国刚成立后不久，在牛津大学城里的第一家咖啡馆诞生了。

1655年前后，在牛津万灵学院附近，咖啡文化急速渗透。当时的咖啡热潮不仅仅是在牛津内部，伦敦的城市居民也被卷入其中。

这样的咖啡人气，也有过一段的停滞时期。从王朝复辟（1660

年）到光荣革命（1688 年）之间的政治动乱期间，包括 1665 年的鼠疫流行，还有第二年伦敦市内的大火灾，咖啡馆迎来了困难时代。随着政治安定、战胜病魔、火灾后的复兴，咖啡馆也得以复苏。

在英国咖啡馆时代的到来，意味着 1650 年后咖啡能够得到稳定的进口。我需要再次明确一下，在此之前，咖啡的进口极不稳定，导致价格居高不下，是贵族和富裕阶层等有限的英国人才能花大价钱到手的珍贵物品。

咖啡馆的时代

劳埃德咖啡馆

创始期的东印度公司的骨干和船长，毫无例外都是大海盗出身，他们一边喝着咖啡一边进行商业洽谈的场所就是咖啡馆。其中最有名的是劳埃德咖啡馆。提起劳埃德，大家可能会知道它作为世界最大的船舶保险公司、席卷全世界的保险公司，构建了庞大的商业网络，而追溯其起源，原本不过是一家海盗们聚集在一起的小小的咖啡馆。

在震撼欧洲大陆的三十年战争终于结束的 1648 年，爱德华·劳埃德诞生。而咖啡馆的开张是在 1688 年（也有 1687 年之说），是他快 40 岁时。当时，伦敦市内的加罗韦咖啡馆、乔纳森咖啡馆、威尔斯咖啡馆等名店已经展开激烈的竞争，成为东印度公司的干部、船长和投资家们聚集的场所。海盗经营的东印度公司的干部和船长们属于富裕阶层，为了成功招揽到这些顾客，各家咖啡店展开了激烈的竞争。希望加入咖啡市场的劳埃德，巧妙地吸收了顾客的多样需求，不断推出新的策略成功地吸引了东印度公司的干部和投资家们，聚集到劳埃德的咖啡馆，也就是“Lloyd's”来。

“Lloyd's”之意为“劳埃德的”“劳埃德所有的”，并不是说有个叫作“Lloyd's”的人物存在。同样，乔纳森、威尔斯也是如此。劳埃德的第一代创始人的确是爱德华·劳埃德，但劳埃德在1713年去世，此后和劳埃德家毫无关系的各家经营者，不断更换此咖啡馆的经营范围。

按照当时的商业习惯，用经营者的名称来做店名是一般的做法，但是“Lloyd's”的店名一直被珍惜并维持下来。这意味着作为店名的劳埃德在18世纪初，已经作为品牌名得到了确立。

劳埃德成功之钥

劳埃德兴旺的最大原因在于，提供给东印度公司相关人士以办公和休憩的场所，这在当时可谓是划时代的经营手法。

雷蒙德·弗拉瓦和迈克尔·约翰斯编辑的公司历史《伦敦的劳埃德》一书中，提到了以下的一些努力：

经营者爱德华·劳埃德为了吸引东印度公司的相关人士，采用了不设休息日，24小时营业的经营体系，饮料也准备了咖啡、红茶、啤酒和杜松子酒等，根据顾客需要还提供食品。为了营造商业环境，还在店内一角预备了在当时还很珍贵的墨和纸张，并展开人海战术，在店内时刻安置5名店员，来满足客人的需要。应客人需求，店员们从早到晚待命（wait），所以将男性店员称为waiter，女性店员称为

waitress。从劳埃德的创始人爱德华·劳埃德的时代起，就在店内设有3名男性店员和2名女性店员，也没有忘记雇用年轻女性。有些咖啡馆，还让女店员站在店门口招揽客人。

眺望当时的咖啡馆复原图，可以看出为了方便客人交流信息和商谈，劳埃德在桌子的布局上也下了功夫。一方面，将可供谈笑的大桌子放在正中间，从入口进来右侧方，为方便私人谈话，还设置了互相隔开的桌椅。另一方面，在左侧则设置了可供进行拍卖的特设一角，最靠里面墙壁的暖炉附近，还营造了几个人可以围着暖炉就座的放松空间。而且店内比任何一家咖啡馆都要清洁。17世纪的伦敦市内，路面还没有得到修整，是一个路上堆积满尘土和排泄物，并散发着恶臭的脏乱都市。传染病鼠疫的蔓延，想想也是跟环境恶劣有关系。

在这样的环境下，劳埃德为东印度公司的相关人士保证了舒适的空间。顾客就算是待上一整天也不觉得乏味，方便工作的环境，可供休憩的角落，精心准备了各种各样的空间，而且还不时邀请远洋航海归来的船长，召开有关海外信息的小型演讲会等，一心一意为顾客提供服务。此外，在劳埃德还召开商品拍卖会，从下午3点开始拍卖。准备了这么多的有利条件，使得富裕阶层的顾客们都纷纷接连前往劳埃德。

开业后的第四年即1691年，劳埃德咖啡馆从铁塔路搬迁到邮局附近的伦巴第路，拥有了更大的店面。更加宽敞的空间，对于熟客们来说也更加方便的地段，使得劳埃德逐渐在诸家咖啡馆中获得与众不同的地位。

新店铺在1696年以每周两次的频率发行有关贸易船只和海外贸易的专业报纸《劳埃德新闻》。用斜体文印刷在一张纸的双面，上面登载的最新信息，无一不是“熟客”东印度公司的相关人士们所透露的。当时新闻需要得到政府的检阅，这份报纸不久就被迫中止，但作为正规的经济信息报《劳埃德船舶日报》（*Lloyd's List*）自 1734 年开始创刊，时至今日依然在发行。

可见劳埃德已经不仅仅是一家咖啡馆，作为东印度公司向海外发展据点时不可或缺的场所，成为其调度海外贸易必不可少的帆船和筹集购买、租借贸易船只费用以及签订贸易船只的保险和支付费用的宝地。为了减轻个人投资家对帆船投资时的贸易风险，还开发了以船舶和贸易商品为对象的特别保险。

这样，拥有雄厚资金基础，能够承担起这样大型保险的人群也开始登场。因为在股票券下（under）会写上承担保险人（writer）的姓名，所以他们被称为“underwriter”（担保人）。劳埃德店内充满了这些承担保险的个人担保人，使得劳埃德逐渐具备了保险行会的性质。

劳埃德作为个人担保人聚集在一起形成保险网络的场所，获得社会地位。劳埃德已经不仅是个人所有的一家咖啡馆，而是发展成为和东印度公司命运与共的利害关系者的网络和组织。

劳埃德消亡的危机

由于经营者不断更换，曾有新的经营者将赌博带入劳埃德。对贸易船的保险，本身就带有赌博的性质，这么想来，赌博的介入也是自然而然的潮流。但扑克牌赌博的逐步横行，使得劳埃德失去作为保险商业场所的可能性油然而生，劳埃德面临危机。

这时，有一位深受顾客信赖的有能力的男服务员，获得数位担保人的援助，从劳埃德独立出来，扬起了新劳埃德的旗帜。伦敦市内出现了第二家劳埃德。实质上是本家的劳埃德，被新劳埃德吸收合并，劳埃德的危机也得到了解除。以此为契机，劳埃德的性质大大改变，成为担保人聚集在一起的专门保险行会。而作为咖啡馆的劳埃德，在这个节点也消失了。

17 世纪开业初期的劳埃德，无论是谁，只要支付现金就能获得一杯咖啡，但当其成为保险行业的中心，新旧劳埃德合并后，则成为对一般顾客紧闭门户的会员制海运保险行业俱乐部。

俱乐部社会——会员制咖啡馆

随着英国海外贸易的兴旺，咖啡馆的专业化也有进展。东印度公司相关人士频繁前往的是劳埃德，而国王查理二世的热心拥护者们，则以曼咖啡馆（通称为皇家咖啡馆）作为据点。

贸易商人和投资家交换信息的店、远洋航海的船员们常去光顾的店、斡旋贸易船只保险的店、受到贵族喜爱的店、政治家作为集会场所利用的店、策谋推翻政府的店、文人们高谈阔论的店、报社记者聚集的店等，充满个性的咖啡店不断增多，各家咖啡馆客人的层次划分也变得鲜明。

巨额资金在流动，重要的信息在交换的同时，骗子和罪犯也开始露面。带来空穴来风的赚大钱主意的诈骗犯和大肆推荐毫无根基的事业项目的筹划人也出没其中，咖啡馆成为获得重要信息据点的同时，也是容易成为罪犯和被害者不能掉以轻心的场所。这样一来，投资的主意和信息交换，也不能放心进行。此外，明显还有政敌安插了间谍，出没于咖啡馆收集信息。如何才能不让客人远避咖啡馆，这让经营者们伤透了脑筋。因此，他们想出了一个限定会员咖啡馆的主意，也就是俱乐部的诞生。咖啡馆采用了如不能明确身份，且没有会员的推荐就不能入会的规定，从此英国的俱乐部社会出现了。

谈起18世纪的英国俱乐部，著名的有塞缪尔·约翰逊博士的文学俱乐部，此外在商业和政治界，俱乐部也大为流行。在巨资流动的商业界，信誉最为关键，会员制的俱乐部成为大型商业活动不可缺少的存在。权力斗争蠢蠢欲动的政界里，为警惕消息泄露给敌对势力，在咖啡馆内会设有以政党或派别为单位的特别单间，供俱乐部作为集会场所使用。

海盗罗利的“海洋俱乐部”

的确，在英国18世纪以后俱乐部社会兴隆起来，但是其起源却十分古老。英国的海盗商务，是卷入了女王和投资家的大型国家计划，因此作为利益和权益集团的俱乐部社会，可以说很早以前就已经形成了。这么推理说来，追溯俱乐部社会的起源，17世纪初期就已经可以找到类似的雏形。美人鱼俱乐部——大海盗沃尔特·罗利爵士在1603年和海盗的同伙们创建的“海洋俱乐部”，是将美人鱼——海的女神作为标志的限定会员俱乐部。

罗利是将北美大陆的马铃薯和烟草带到英国的传奇性海盗。女明星凯特·布兰切特在2007年主演的影片《伊丽莎白：黄金年代》，就有罗利因其袭击西班牙船只劫掠珠宝，在北美大陆探险，将弗吉尼亚作为殖民地献给女王伊丽莎白一世的功绩，被女王册封为骑士的场景。

虽说是海盗，但他也是牛津大学出身的精英海盗。罗利创建的美人鱼俱乐部里，各界名流频繁出入，还传有思想家弗兰西斯·培根、文豪威廉·莎士比亚、剧作家班·约翰森等也曾进出过的逸事。谈起英国的俱乐部社会，大海盗的存在是不可或缺的。

被营造出的咖啡热潮?

由此，我们可以得到一个假设，咖啡馆时代，实际上可能是东印度公司有策略性地构思并营造出来的。东印度公司构建了一套系统，独占性地在阿拉伯半岛收购摩卡咖啡，利用原本是海盗船的公司贸易船来搬运，并自行销售、流通咖啡。独占型企业在完成了对市场的支配之后，接着就需要组建大量消费咖啡的格局。只有这样才能从咖啡贸易中，获得安定的而且是巨大的收益。

原本东印度公司不过是个人投资家的集团，组织投资集团，组建贸易船队而已，很有可能是某位个人投资家将咖啡商业的点子告诉了咖啡馆经营者，从而营造了一个咖啡时代。从现有文献中，看不出东印度公司有组织性地参与，但从劳埃德成为东印度公司的聚集场所来看，毫无疑问，两者之间关系紧密。我们不难想象，咖啡馆作为咖啡贸易系统的一环而大有作为的背后，两者的意图起到了很大的作用。

英国的咖啡热潮持续了100年，但在18世纪中期，却突然宣告进入尾声。因为“红茶的时代”来临了。

变身为“红茶之国”

红茶之国——英国

大吉岭、阿萨姆、尼尔吉利、乌巴、祁门、格雷伯爵、威尔士王子、凯瑟林、托马斯·川宁、福特纳姆和玛森（F&M）、托马斯·立顿、布鲁克·邦德、Afternoon Tea——这些鼎鼎大名的红茶都肩负着英国的红茶文化。

大吉岭和阿萨姆，是印度的英国殖民地地名，起源于栽培红茶的印度东北部地区。同样尼尔吉利，也是印度南部的高原地带，地名之意为“蓝色山脉”。乌巴是英国殖民下的斯里兰卡（原名锡兰）南部的地名，是锡兰茶的代名词。祁门是中国安徽省产出的红茶。祁门和大吉岭、乌巴并称为世界三大红茶。祁门原来是绿茶的产地，红茶的生产是英国和荷兰去当地收购茶叶之后，才兴盛起来的。

此外还有据说是因为格雷伯爵所喜好的特制调配红茶，而在19世纪被命名的“格雷伯爵红茶”。历任海军大臣和外交大臣的格雷伯爵，在访问中国途中被馈赠了中国茶，因此缘分，调配茶“格雷伯爵”诞生。这位政治家在1830年还坐上了英国首相的宝座。在中国武夷山采摘的红茶，加上佛手柑（类似于柠檬的柑橘类果实）的香油而制成的芳香浓郁茶，被称之为格雷伯爵茶。

同样也是调配红茶的“威尔士王子”是国王爱德华八世身为王储时的1921年，川宁公司为王储的个人调配茶而进献的一款红茶，因获得了王储的特许，而被命名为“威尔士王子”。通过这些特制的调配红茶，将王室、政治家和红茶巧妙地结合起来，红茶厂商成功地将红茶作为高档品而品牌化。

从咖啡到红茶的政策转变

英国从咖啡转移到红茶时代的背景里，我们不能忽略的是和荷兰之间的激烈贸易竞争。荷兰为了强化和东印度之间的贸易，在1602年成立了荷兰东印度公司。18世纪以后，荷兰东印度公司开始正式加入到和摩卡咖啡相对抗的爪哇咖啡的生产流通。根据日本历史学者永积昭的研究，荷兰的东印度公司将咖啡树苗带到爪哇岛是在1696年。18世纪，荷兰在印度尼西亚的爪哇岛和印度南部的锡兰岛，开发大规模的咖啡园，从而使得比摩卡咖啡更加低廉的咖啡，大量在欧洲大陆流通起来。

从此和摩卡咖啡相对抗的新品牌——爪哇咖啡正式登场。荷兰将价格低廉的咖啡带到了欧洲大陆，给英国的东印度公司的咖啡贸易，造成了沉重的打击。出于对咖啡贸易前景渺茫的判断，英国东印度公司大规模地从咖啡贸易中撤退，在继续少量咖啡贸易的同时，将业务核心急速地转移到和中国的茶贸易上来。英国也不得不从“咖啡之国”政策转变为“红茶之国”。

对于英国成为红茶之国的原因，众说纷纭。大致有以下几种：

（1）饮用水的水质（含有钙等多种物质的硬水）；

（2）对红茶的关税被大幅度的降低；

（3）女王玛丽二世和其妹安妮女王喜好红茶；

（4）以富裕阶层为中心，下午茶的习惯得到广泛普及；

（5）相对于作为男性饮品的咖啡，红茶因受到女性喜好，而成为家庭的饮品。

但最大的理由还是，面对荷兰东印度公司的抬头，在价格层面上，摩卡咖啡贸易已经失去其优越性，英国为了追求新的利益，而开始描绘独占中国茶贸易的蓝图，这是基于实际利益的政策转变。

英国东印度公司在中国南部的广州采购了大量的中国茶叶，逐步开拓了稳定提供给英国茶叶的途径。正因为确保了中国茶叶的稳定供给，英国才得以将自身设计为“红茶之国”。

从宫廷开始的红茶文化

一般来说英国人养成喝红茶的习惯，是在 17 世纪后半期。据说是以英国国王查理二世在 1662 年从葡萄牙迎娶凯瑟琳·布拉甘扎公主为契机，红茶文化诞生了。

英国国王查理一世被处刑后，历经王朝复辟，身为王子的查理二世作为英国国王复辟，并从屈指可数的欧洲王室之中引入了王室血脉。成为英国王后的葡萄牙公主凯瑟琳，在宫廷生活中享用了贵重的红茶，并加入了从葡萄牙带来的嫁妆中的一部分——具有稀缺价值的白砂糖，从而创造了嗜好红茶和白砂糖的宫廷文化，为英国王室吹入了一股新风。

据说饮用红茶的礼仪也以此为契机，瞬间就在贵族阶层中传播开来。红茶持有的高贵感，也来源于这样的贵族文化。在日本国内销售的名叫“凯瑟琳”的红茶品牌，也是因凯瑟琳王后的名字得以命名的。

但据说凯瑟琳享用的，其实并不是红茶。英文的“tea”意思是茶，而茶有红茶和绿茶之分。羽田正所著的《东印度公司和亚洲之海》从各种角度提出疑问，17—19 世纪的英国，高级“绿茶”正被贵族社会所接受，由此考虑，王妃热衷的 tea 不是红茶，而是绿茶之说，也油然而生。

解读春山行夫所著的《红茶的文化史》，其中引用了一段编辑了马可·波罗《东方见闻录》一书的乔凡尼·巴蒂斯塔·拉穆西奥对“中国茶”的听闻而写下的文章:“煎茶之水，空腹时饮用1至2杯，可以治愈热病、头痛、胃痛、侧腹和关节的疼痛（中略），此外，还对多得以至于记不下来的众多疾病有效。比方说痛风，就是其中之一。”这段文章，记载于拉穆西奥的《航海和旅行》(大约1559年出版)，被认为是将“茶”的效用详细传到欧洲的最早的文献。

如此所述，“茶”作为医药品受到瞩目，因此被英国的王室和富裕阶层广泛接受，并随着时间的推移，走向大众。

川宁和F&M——高级红茶

高级红茶的代名词“川宁”，在伦敦市内的斯特兰德大街开始营业，是在18世纪初期。1706年川宁在伦敦市内收购了咖啡馆“汤姆的咖啡馆”，开始加入到商业世界。当时还是咖啡馆全盛时代，开业当初的主力商品是咖啡，但在东印度公司巧妙的政策引导之下，高级绿茶和红茶逐渐成为主流。事业顺利地得到扩大，1717年川宁又开设了高级店铺“黄金狮子”，成为川宁公司的前身。戴着皇冠，脸部朝向正面，金黄璀璨的狮子，被选为产品商标，第三代川宁传人在黄金狮子的两侧还摆放了两个中国商人的塑像，通过店铺的招牌，来表达该店直接从中国进口绿茶和红茶。

咖啡馆只将男性客户作为对象，与此相对，川宁在“黄金狮子”里设有特别套间，对女性客户也开放，从而成功地开拓了上流阶层的广泛客户群。本来是东印度公司职员出身的川宁，从该公司独占性进口的咖啡、绿茶、红茶中，精选优质产品，确保了能够在自家店铺销售的流通渠道。后来又致力于销售红茶，以致只要一听川宁的名字，就会联想到红茶。他们还和王室及贵族之间关系紧密，19世纪的“格雷伯爵”和20世纪的“威尔士王子”都是川宁推出的红茶品牌。

曾是英国王室佣人的威廉·福特纳姆和他的朋友休·玛森，1707年在伦敦市内的皮卡迪利大街，一起开了一家高级食品店“福特纳姆和玛森（F&M）”，此时正好是在川宁开业的一年之后。

福特纳姆原本作为安妮女王的佣人，是宫廷内管理蜡烛的工匠。他利用职务之便，将用过的蜡烛带回家，作为副业开了一家杂货店，来卖这些蜡烛。当时室内照明都需要使用蜡烛，蜡烛的维持和管理是宫廷内必不可缺的职位。而这家杂货店的房东就是玛森。这两个人绞尽脑汁，想出以王室相关人员和富裕阶层为对象，开一家高级食品店的主意，这在当时还是个新鲜事物。在这家店里销售绿茶、红茶和咖啡。

现在，F&M的常规商品“皇家调配茶”是为庆祝1902年国王爱德华七世继位而特别调配进献的红茶品牌。如此，从18世纪以来，F&M和王室一起共度了绵长的红茶史。

红茶的大众化——立顿红茶

19世纪以后，立顿和布鲁克·邦德等新兴企业也开始登场。

托马斯·立顿从小帮助父亲打理食品店，15岁时单身赴美，20岁回国，1871年终于如愿在故乡苏格兰的格拉斯哥，开了一家食品店。作为年轻企业家，立顿成功地实现了食品店的连锁经营，30岁时成为大富豪，并利用丰富的资金在锡兰收购了咖啡园，转变为开始大规模地种植红茶。

原本锡兰是栽种咖啡的岛屿，但因为病虫害，咖啡园遭受了毁灭性的打击，咖啡的生产者也相继连续破产，处于窘境。立顿在1890年，以低廉的价格买走了荒芜的咖啡园，并转换为生产红茶。以锡兰为舞台，立顿构筑了红茶的生产、流通、销售等一系列系统，开始经营红茶园和橡胶园。

当时，在店铺里称重零售茶叶的时代，立顿采用了新的红茶销售战略，将已经称量好的红茶包装起来，在店面销售。既方便又清洁，因此受到好评，立顿也扮演了将红茶文化飞速地普及到一般大众的重要角色。立顿日后被维多利亚女王授予骑士的称号，并自称为托马斯·立顿爵士，是因为他将庞大的资产捐赠给王室相关慈善事业的功绩得到承认。据说他终身独身，没有可以继承财产的后人，所以将个人的资产都捐赠给了慈善事业。

19世纪的下午茶

据称在19世纪中期，将下午茶的习惯带入英国上流社会的是赫德福特公爵的夫人安娜·玛丽亚。

在英国，日间的工作结束后，晚上去欣赏歌剧或音乐会的生活方式被普遍接受，晚餐的时间也渐渐变晚了，延迟到晚上8点左右，也不是什么新鲜事。对于一日两餐的饮食生活已经固定的上流阶层来说，8点钟的晚餐实在是太晚了。为了解除早餐后的空腹感，下午4点左右，他们开始喝起下午茶。

现代的下午茶，大概会准备红茶、手指三明治、蛋糕、饼干、司康饼、小黑特德奶油等，而其原型早在1840年就诞生了。现在下午茶都是红茶为主，但据说赫德福特公爵夫人享用的其实是绿茶。

考虑到当时绿茶是高级茶的代名词，那么下午茶不是“午后红茶”，而是“午后绿茶”的可能性也很大。

东印度公司的茶贸易

英国和亚洲各国之间的茶贸易（Tea Trade），原本绿茶是主流。红茶开始扩大势力还是在18世纪以后。谈到17世纪之前的茶贸易，实际就是绿茶贸易，进口来源也主要是中国和日本，而不是印度和锡兰。在印度和锡兰，红茶作为产业确定下来是在19世纪以后了。17世纪到19世纪，绿茶贸易流通广泛，在英国绿茶作为高级商品，在富裕阶层中有很大的需求。

19世纪后期，开始有其他企业和立顿一样从事红茶的生产、流通、销售等一系列活动，在立顿红茶登场之前的英国，不光是绿茶和红茶的茶贸易，还有其他贸易，允许和亚洲之间从事直接贸易的，仅有东印度公司一家。这家公司在亚洲收购绿茶和红茶，通过自家所有帆船，或是租借的船只运输到英国，在伦敦兜售。

正如福特纳姆家族曾就职于东印度公司，川宁家族也曾是东印度公司的职员。所以不提到海盗们设立的东印度公司的存在，就不能谈茶贸易。

如此，香料、咖啡、绿茶、红茶等商品贸易，均由英国海盗和其后裔所主导。可以说是阐述英国社会文化时的重要因素。咖啡馆文化、红茶文化、俱乐部文化等，截取各个历史断面来看，都可以说是依靠了海盗商务。

第五章

被抢掠的奴隶——加勒比海的砂糖贸易

约翰·霍金斯拥有海盗和贸易商人的两张面孔。他因在和西班牙无敌舰队之战中，成功引导英国舰队获得胜利，而被授予骑士称号。

甘甜的药品——砂糖的登场

为成为和西班牙、葡萄牙并肩的强国，英国的权力阶层和被称为“冒险商人”的海盗头目，合伙展开劫掠行为，逐步巩固了英国的经济基础。通过海外贸易来实现贸易立国的想法最初登场，是在伊丽莎白女王的时代。

谈到贸易的话，听上去挺好听，但除了以香料为代表的商品贸易之外，英国所进行的贸易，还包含了众多不能公开的特殊贸易。即人口买卖，而且是偷运。

在此，我们聚焦于伊丽莎白女王和大海盗霍金斯参与的大规模偷运黑奴，力图揭秘事实。

女王陛下的偷运

伊丽莎白女王在对英国国民严格禁止偷运的同时，自身却和海盗合伙大力推进偷运。而且是在英国民众看不到的遥远彼岸大西洋上，开拓了连接西非和加勒比海的路线，秘密运输西非的黑人奴隶。

加勒比海在当时被西班牙的殖民地支配，仅葡萄牙一国被允许从事奴隶贸易，第三个国家的参与被严令禁止。特别是英国作为和天主教世界决裂的新基督教国家，更被西班牙视为敌国。

西非在当时处于葡萄牙的殖民支配之下，奴隶贸易也是葡萄牙的专利，即使是加勒比海的西班牙殖民地，也不得不按照葡萄牙的开价来购买黑奴。西班牙殖民地其实也想通过低廉价格收购大量的黑奴，察觉到这一点的正是伊丽莎白女王和海盗们。

他们想到了用低廉价格将黑奴卖给西班牙殖民地的主意后，就逐渐染指奴隶偷运。西班牙本土严令禁止英国船等国外船只从事奴隶贸易，但英国无视禁令，进行黑奴偷运，而加勒比海的西班牙殖民地也瞒着本国政府，协助了英国海盗的偷运。

大海盗约翰·霍金斯开发了将在西非收购的黑奴，秘密且有组织地偷运到加勒比海西班牙殖民地的路线。而主导了霍金斯的奴隶贸易计划的人物，便是伊丽莎白女王。

作为万能药的砂糖

英国染指奴隶贸易，其实和在加勒比海的砂糖贸易有着密切的关系。没有砂糖这个世界商品，或许奴隶贸易也不会如此发展。

加勒比海的西班牙殖民地，为何需要黑奴？是因为大规模的甘蔗生产，需要大量的劳动力。英国和欧洲大陆对砂糖的消费急速增大，甘蔗的生产也迎来了一大热潮。因此需要大量的能忍受在酷热的热带环境从事甘蔗生产的劳动力。西非的黑人奴隶，就是因此受到瞩目。

砂糖通过伊斯兰教徒从埃及带到了地中海东部，在马耳他岛、西西里岛、罗德岛、克里特岛、塞浦路斯岛等岛屿，伊斯兰教徒开始种植甘蔗。通过 11 世纪末至 14 世纪后期的十字军运动，欧洲人开始知晓伊斯兰教徒们放入口中的甘甜药物——作为万能药物的砂糖。逐渐，欧洲人都成为砂糖的俘虏，并决定通过自己之手来生产砂糖。

为何砂糖如此备受青睐呢？因为它和香料一样，被认为是包治百病的良药。

营养不良或是营养失调的病人或坏血病人服用砂糖以后，都逐步得到康复。对于高烧的患者来说，砂糖也相当于一剂降温剂。此外服用了砂糖的外伤患者，也好得更快，有关砂糖功效的例子不胜枚举。在没有现代医学的时代，人们都争相去搜寻砂糖。砂糖在世界上受到珍爱，特别是以英国和欧洲大陆为中心，被高价买卖。

在加勒比海生产砂糖

当时的砂糖是从甘蔗里制造出来的。为了稳定地进口砂糖，就必须让甘蔗生产走上正轨。但是，甘蔗不是在哪里都能够种植的东西，是只有在热带和亚热带等局限的场所才能生长的热带植物。在北半球度过严寒冬季的英国和欧洲大陆，不可能栽培甘蔗。因此大国西班牙看中的甘蔗生产基地是四季常夏的加勒比海。

甘蔗从种植到收获，需要在烈日之下工作的大批劳动力。不开展大规模的劳动集约型甘蔗栽培，就远远不能满足英国和欧洲大陆的需求。但是俯瞰加勒比海的岛屿，拥有岛民的岛屿屈指可数，难以满足计划性生产砂糖的需要。因此，西班牙想出一个奇策——从西非的奴隶海岸或黄金海岸，有计划地进口大量的黑人奴隶，作为劳动力。

加入西班牙从非洲进口奴隶计划的是在伊比利亚半岛与西班牙齐肩的葡萄牙。因为非洲大陆属于葡萄牙支配，要想从非洲调配黑人奴隶，就必须得有葡萄牙的协助。

同为天主教王国双璧的西班牙和葡萄牙，为了和平共处，有时不惜卷入罗马教皇，对世界进行了分割。两者之间签订了好几个协议，但最有名的还是《萨拉戈萨条约》(1494 年)。根据该条约，以大西洋为中轴，将世界分为东西两半，西半部归属西班牙，东半部归属葡萄牙。

罗马教皇竟如此大胆地将世界一分为二，但考虑到当时世界大多数地方都还是未知的、尚未踏足的状况，这样的做法似乎也是情有可原。西班牙拥有南北美洲的新大陆，葡萄牙领土拥有非洲和大西洋的岛屿，还有东印度。这里所说的领土拥有，并不是完全的殖民地化，而是在海外发展领域上和西班牙之间的区别划分而已。但是，有关分界线和领土所有范围，两国之间有过多次互不相让的交涉，最终决定将南美巴西归属葡萄牙，大西洋的加那利群岛归属西班牙。

热那亚资本和葡萄牙

注意到甘蔗种植的是意大利半岛的热那亚商人。热那亚商人和葡萄牙结伙，将在地中海岛屿栽培的甘蔗苗带到大西洋岛屿，由葡萄牙将其生产为砂糖，并获得成功。当时对于葡萄牙和西班牙的王室来说，热那亚商人就是金库管家，他们利用其雄厚的财力和葡萄牙王室紧密连接在一起。

热那亚在 14 世纪后半期，在和威尼斯争夺地中海东部霸权的斗争中失败，面临着都市国家的存亡危机。就热那亚的情况而言，不得不在地中海西部到大西洋寻求生路。寄托希望于葡萄牙的发展，财力雄厚的热那亚商人和金融业者纷纷移居葡萄牙，葡萄牙和热那亚商人及金融业者构筑了相互依存的关系。发现了美洲大陆和加勒比海的克里斯托弗 · 哥伦布，在葡萄牙和西班牙寻找航海赞助商一事，广为人知，这也让人不由想起哥伦布本身也是热那亚出生。

15 世纪后，葡萄牙凭借热那亚人的庞大资本作为后盾，在大西洋的马德拉群岛（摩洛哥海上）和西非开始种植甘蔗，并基本上构筑了出口到欧洲大陆的体系。到了 16 世纪，葡萄牙开始着手于在巴西种植甘蔗的计划，但如何确保稳定的劳动力，这一问题一直烦恼着向海外发展的葡萄牙。解决了这一难题的就是黑奴。生产砂糖和奴隶贸易是互为表里的关系，可以说没有黑人奴隶，就没有砂糖的生产。

葡萄牙开始采购黑奴是在 15 世纪中期，在 16 世纪已经基本上完成了奴隶贸易的体系。只要控制了人皆所欲的砂糖的生产和流通，就能确保丰厚的利益。

西班牙的加入

对葡萄牙的独占砂糖贸易，叫暂停的是大国西班牙。被独占砂糖贸易的葡萄牙所刺激，西班牙也在 16 世纪后，在大西洋的加那利群岛和加勒比海，开始生产砂糖。

1545 年西班牙在南美发现波托西银山后，第二年在墨西哥也找到了银山矿，从而使其可以加入到砂糖的生产和流通中来。只要能让加勒比海的砂糖生产走上轨道，西班牙就可以将支配世界的“白银和砂糖”两者都弄到手。为此西班牙需要获得砂糖生产中不可或缺的黑人奴隶。但结果是除了依赖葡萄牙的贸易商人从非洲稳定进口黑人奴隶以外，别无选择，西班牙不得不和葡萄牙签署独占契约。因为不得不按照葡萄牙决定的价格来购买奴隶，对于西班牙来说是不利的契约。

抓住在采购奴隶上进退两难的西班牙殖民地的弱点，一步一步入侵奴隶贸易的正是英国的“冒险商人”和海盗们。

英国和奴隶贸易

奴隶贸易的规模

以加勒比海的西班牙殖民地为对象，英国在奴隶贸易上到底获得了多少收益，我们无从得知。特别是在16世纪后期，伊丽莎白女王深深介入的奴隶偷运，更是被蒙上了一层神秘的面纱，想要了解其真相全貌，实在是困难重重。因为偷运的特殊性，或还因为女王的指令，冒险商人们留意不留下任何奴隶贸易的证据。为此，没有资料表明英国在加勒比海上偷运奴隶的数目以及销售价格方面的信息，我们也仅能依赖拼凑一些片面的资料，来试图解密奴隶贸易的真实状况。

英国的奴隶偷运船只被西班牙偷袭后，船长约翰·霍金斯向英国海军提交了受害报告，里面提到损失了黑人奴隶57人，被害额达到9120英镑。可以成为优秀劳动力的年轻健康奴隶的行情，一人大概是160英镑。按报告书上记载的受害额来计算的话，一次偷运就相当于一年国家预算即王室预算（约20万英镑）约5%的金额。由此我们可以想象，奴隶贸易是一个可以带来高额利润的偷运。对于伊丽莎白女王来说，毫无疑问，奴隶贸易是极为重要的资金来源。

英国参加奴隶贸易是在1560年，而英国议会废除奴隶贸易是在1807年。但其后，偷运奴隶还是持续了一段时间，最终废除奴隶制是1833年。也就是说，英国拥有从16—19世纪，持续进行奴隶贸易的约270年的历史。在此期间，有1000万人以上的黑人奴隶，被卖到加勒比海和南北美大陆，同时英国、葡萄牙、法国也因为奴隶贸易而充实了自己的腰包。

想要正确地把握英国通过奴隶贸易到底获得了多少资产，已经是不可能的了。但是贫穷的二流国家英国，在转变为富强的一流国家的过程中，通过奴隶贸易所获得的丰厚利润，在资本的原始积累中占有相当大的比重。

将英国带入工业革命的詹姆斯·瓦特发明的蒸汽机（1776年），据说也和奴隶贸易有很深的渊源。通过在加勒比海的奴隶贸易和砂糖生产，大量的资金流入英国本土，这些资金积累在金融机关。而这些巨额资金作为研究开发资金，到了詹姆斯·瓦特手中，从而最终得以发明蒸汽机械。

在利物浦港口，有一栋被称为奴隶府邸的高雅建筑，单看这栋建筑就可以了解到英国从奴隶贸易中获得了巨额的财富。此外，英国在加勒比海的第一个正式的殖民地牙买加，随处可见砂糖农场主的豪宅和养护良好的花园庭院，这也是拜奴隶贸易所赐。从英国和欧洲大陆带入到牙买加的奢华家具陈设，也无言地倾诉着因为奴隶贸易而获得提升的国家威望。

女王的金库管家霍金斯

16 世纪，英国开始了伊丽莎白女王也参与其中的奴隶贸易，领军人物是拥有海盗和贸易商人两张面孔的“冒险商人”——约翰·霍金斯。日后他因为在和西班牙无敌舰队之战中，成功引导英国舰队获得胜利，而被授予骑士称号。

霍金斯出生于英国西南部的德文郡港口城市普利茅斯，是富豪霍金斯家族的公子，父亲威廉·霍金斯作为服务于亨利八世国王的冒险商人而闻名遐迩。约翰·霍金斯也从小就被父亲培养，四处走访西班牙、葡萄牙、法国、荷兰各国的港口，从年幼起就开始走上冒险商人的道路。

继承世世代代侍奉英国王室的霍金斯家族传统的约翰·霍金斯，在伊丽莎白女王执政期间，作为“女王陛下的海盗”袭击西班牙和葡萄牙船只，扮演了向女王进献高额劫掠品的金库管家角色，还灵活利用女王的王室船只，开始奴隶贸易，成为在资金上有力支援伊丽莎白女王执政的重要海盗之一。从父子两代人都曾就任普利茅斯市市长一职，也可看出霍金斯家族在当地的财政界掌握着相当大的影响力。

作为亲戚的一员，有个人从幼年时代起就被寄养在霍金斯家族，他就是在第一章中登场、日后实现了世界环海一周的德雷克。

寄宿在霍金斯家的弗兰西斯·德雷克，从孩童时期起就被灌输了航海术和海盗心得。在霍金斯家被培养出的一个处世技巧，就是如何应对基督教的不同宗派。当时，天主教支配着欧洲大陆，但在英国和荷兰等国家基督新教也渐渐崛起，宗教对立也日趋激烈。

霍金斯家族的家训是以灵活姿态对待基督教宗派。英国女王是天主教徒，就服从旧教徒；相反如果女王是基督新教徒，就摆出新教徒的姿态。跟从当时执权者的意向，随机应变做出应对。因此，霍金斯和德雷克，在伴随基督教宗派斗争的权力斗争中，能够顽强地生存下来。

在加那利群岛设立海外据点

那让我们先来看看，霍金斯是通过怎样的手段开始插手奴隶贸易的。

大西洋上的加那利群岛作为加那利小鸟的原产地而被世人得知。加那利小鸟在这些岛屿上大量繁殖，西班牙人将小鸟从加那利群岛带回本土，根据岛名将其命名为加那利。

英国和欧洲的帆船在横渡大西洋，或者是南下非洲大陆的海域时，需要补给食品和饮水，让生病的船组人员休养，修理破损的船只。就像是对于横渡沙漠的伊斯兰商人来说的沙漠绿洲一般，对于航海者来说，大西洋上的绿洲，就是加那利群岛、亚速尔群岛、马德拉群岛和佛得角群岛。

这四个群岛，原本是立志要海洋兴国的葡萄牙的海外中继地，在和西班牙之间的领土权之争后，最终加那利群岛归属了西班牙。西班牙表面上虽不允许英国加入奴隶贸易，但在除了奴隶贸易以外的商品贸易上，接受了英国贸易商人，所以霍金斯也获得了靠岸加那利群岛的许可。

通过和欧洲大陆的贸易往来，霍金斯已经确立了将英国制造的毛织品出口，将获取的报酬购买香料、砂糖、红酒等高档货品，回国后高价出售来获取利益的流程。但是拥有商业头脑的霍金斯，开始摸索可以将利润幅度加大的新的销售途径。

此时，他注意到的是西班牙和葡萄牙的海外殖民地。例如，西班牙在其本土被抓住弱点，被迫按葡萄牙的一口价进行贸易。但他注意到在加那利群岛，还有交涉的余地。这里是将东印度和西非的商品，运输到欧洲大陆的重要中转地，就好比是东南亚的港口城市马六甲或新加坡。此外，加那利群岛还盛产砂糖和红酒，可以在当地收购砂糖和红酒，对于霍金斯来说，是再合适不过的岛屿了。

以加那利群岛为据点的话，可以将欧洲制品经由加那利群岛运往葡萄牙领的西非，并将获得的收益用于西非产出的黄金和象牙的交易，从而进一步促进贸易的多元化。考虑到这些，霍金斯在加那利群岛找到西班牙的合伙人，开始建设在海外的据点。在加那利群岛的众多岛屿中，特别是在重要的特内里费岛，霍金斯成功地找到了有力的西班牙合伙人。

当时在特内里费岛，庞塞家和索拉家两家强大的家族一手控制了岛内贸易。霍金斯在每次停靠港口时，都和两家频繁接触，建立了良好关系，并签署了有关补给食品和饮水、修理船只、调配远洋航海必需的领航人，甚至包括获取西班牙船只、葡萄牙船只相关航海信息的全方位合伙协议。在这些日常的接触中，霍金斯获取了有关奴隶贸易的赚钱主意。

奴隶贸易的信息

加那利群岛因为隶属西班牙领土，所以可以接触到丰富的西班牙相关信息。其中包括在南美和加勒比海的殖民地，西班牙计划开展大规模的砂糖生产，但在当地难以获得足够的劳动力，处于窘急境况的有力信息。霍金斯还获得了为解除慢性劳动力不足问题，西班牙殖民地希望通过葡萄牙的奴隶商人，从西非进口奴隶，这些在英国本土不可能获得的珍贵商业情报。此外，葡萄牙通过奴隶贸易赚取了大笔钱的传闻，也传到了霍金斯的耳朵里。

西班牙被规定需要通过葡萄牙购买黑人奴隶，第三国被严令禁止加入到加勒比海的奴隶贸易中。但是只要加勒比海的西班牙殖民地默认奴隶偷运，英国就可以实质上加入到奴隶贸易。霍金斯和加那利群岛特内里费岛的两家大家族进行了绵密的磋商，研究出一条偷运路线。这条偷运路作为连接英国——西非——加勒比海的“三角贸易（Triangular Trade）”，日后被广为人知。

英国在17世纪后期至18世纪，为了在加勒比海获得自己的殖民地，不是通过偷运，而是由政府公认地推进了奴隶贸易。完成的奴隶贸易路线是从英国的利物浦港口，将枪支、火药、金属制品、织物销售到西非的黑人王国，通过物物交换方式获取黑人奴隶，将其销售到加勒比海的西班牙殖民地，再通过物物交换，收购砂糖、蜂蜜、香烟，运到英国本土高价销售，一般称其为“三角贸易”。西非到加勒比海的航海路线，被称为“中间航路（Middle Passage）”。三角贸易的中心，也是位于中间航路途中的中转基地，正是加那利群岛。

对于霍金斯来说，收购奴隶是一个新的挑战，横渡大西洋去往加勒比海的航海，也是一个未知的世界。掌控加那利群岛的当地商人们将拥有横渡大西洋航海术的西班牙领航人，也介绍给了霍金斯，成为霍金斯的手足，大力支持了霍金斯的奴隶贸易。

确保难以到手的奴隶

霍金斯确信将黑人奴隶偷运到加勒比海，毫无疑问可以大赚一笔后，向女王的亲信提供了奴隶贸易的信息，开始了伊丽莎白女王也介入其中的奴隶偷运。但是，如何才能在西非获得黑人奴隶，这个最大的难题浮上水面。

他亲身到达西非后确信，如果没有任何准备就登陆西非的话，难以像想象得一般简单地获得黑奴。即使全副武装的霍金斯船队的船员们，都上岸去不懈地追逐非洲人，充其量也就能确保几十名黑奴，想要到手几百人单位的黑奴是不可能的。船队一旦停泊在海岸地带，当地黑人就会警戒地逃亡内陆，就连想要发现黑人的部族都很困难。据说在没有当地人际网，也不熟悉当地地理的情况下，霍金斯船队的船员们和黑人部族斗争，受到地方的毒枪和吹箭的攻击，很多船员都因此丧命。事实并不是只要能到达非洲，就可以不费吹灰之力地获得黑奴。

那么，葡萄牙又为什么能够获得百人单位的奴隶呢？解密的钥匙在于“地点”。广阔的非洲大陆，葡萄牙看上的是日后被称为“奴隶海岸”的面向几内亚湾的一角。按照现在的说法就是，从尼日利亚的城市拉各斯到被称为尼日尔三角洲一带的海岸地带，北纬 5 度和东经 5 度交叉的地点。这里有掌握着巨大权力的黑人王国存在，通过和王国进行交易，可以确保获得数百人单位的周边敌对部族的黑人。

奴隶的主要供给源是部族与部族之间的争斗中被打败的敌方俘虏。在非洲社会，部族之间的战争不断，败方部族成为胜者的俘虏或奴隶。葡萄牙人并没有通过自己的手获得黑奴，不过是和当地的黑人王国勾结，使得奴隶贸易成为可能。这些交易，通过欧洲的高级货物和黑人奴隶的“物物交换”而得以成立。

找寻到新的黑人王国的掌权者，开发独自的途径，来确保获得大量黑奴的方法的确存在，但对于没有人际网和当地地理知识的霍金斯来说，无疑被断去生路。但是也不能就这样无功而返，霍金斯最终还是通过葡萄牙商人的指引，从黑人王国购买奴隶，或者从葡萄牙商人处以批发价格收购黑奴，奴隶贸易还是不得不依赖葡萄牙。

如果通过高额的批发价购买奴隶，再转卖给加勒比海的西班牙殖民地，获得利益的幅度要大大削减，奴隶贸易的甜头也就少了一半。为了扩大利润幅度，霍金斯决心在大西洋上施展海盗行为，等候葡萄牙的奴隶船，将奴隶和帆船整个都劫掠走。这样的话，既可以简单地获得几百名的奴隶，同时又可以到手比英国船性能要好很多的葡萄牙船只，一举两得。将满载奴隶的葡萄牙船只伪装为英国船，直接航行到加勒比海，倒卖奴隶后，在空的葡萄牙船上装上大量的砂糖，运到本国普利茅斯港口，加入英国的船队。通过这样强硬的手段，霍金斯推进了奴隶贸易。

16—17 世纪，葡萄牙的船只数量减少，而与此同时英国船只却大大增多。英国将这些劫掠的帆船集合在一起，使得帆船在数量和规模上有了急速的扩大。

偷运至加勒比海

在加勒比海的西班牙殖民地，从葡萄牙船只购买黑人奴隶的正规途径，已经得到确立，并且严禁从英国船只购买黑奴。尽管如此，霍金斯为了挤入奴隶贸易，设定了远比市场价低廉的价格，通过他老练的商业销售手腕，使得对方明知是严禁品，也想出手获得。霍金斯不仅是单纯的劫掠者，还具备了卓越的商业谈判的才能，以至于西班牙驻殖民地的官员和情报机关，将其活动汇报到西班牙本土。

西班牙殖民地，从霍金斯手中购买到比葡萄牙更加廉价的奴隶。

同时，针对霍金斯袭击、劫掠葡萄牙奴隶船的海盗行为，葡萄牙向伊丽莎白女王几次三番进行抗议。由此可见其受到海盗的损害程度是如何严重。

霍金斯在西班牙殖民地的奴隶买卖手段，其实极其单纯。霍金斯到达加勒比海的西班牙殖民地后，午间就在海岸或港口悠闲地享受阳光消磨时光，并巧妙地接触西班牙农场主和西班牙守卫队的将领。通过这些接触，成交黑人奴隶买卖，深夜就将奴隶偷偷运下船，交到西班牙人的手中。形成了英国船只的奴隶，不知不觉地就在西班牙殖民地的甘蔗农园开始劳作的格局。

自然，西班牙也判断到这个霍金斯对于西班牙国王来说，也是个可以派上用场的人物。他们开始让英国女王产生怀疑霍金斯会叛逃到西班牙的错觉。霍金斯船队的船员在加勒比海曾被西班牙方逮捕、扣留，为了解救这些船员，霍金斯和西班牙殖民地当局有过交易。而这些事情也使得女王的疑心更加严重。

霍金斯名副其实作为“女王陛下的海盗”，得到正式承认，并挽回名誉，是因为成功指导了英国击败西班牙无敌舰队的海战功绩，被英国联合舰队司令官授予骑士称号。距霍金斯开展女王参与的奴隶贸易，已经历时约 20 个岁月，他才终于获得骑士称号，也可以想象得出霍金斯所处的微妙立场。

女王主导的奴隶贸易

霍金斯在 1560 年，以奴隶贸易为目的曾四次组建船队，而女王全都参与其中。霍金斯在加那利群岛和当地实力派结成伙伴协议，获得了奴隶贸易可以获得大幅利润的确凿证据后，女王允许其组织奴隶船队，并提供了王室船只。

第一次，1562 年 10 月至 1563 年 8 月（船长霍金斯）；

第二次，1564 年 10 月至 1565 年 9 月（船长霍金斯）；

第三次，1566 年 11 月至 1567 年 9 月（船长拉贝尔，下一代海盗头目）；

第四次，1567 年 10 月至 1569 年 1 月（船长霍金斯，年轻海盗德雷克参加）。

霍金斯在第一次组织奴隶贸易的船队时，获得了女王的特别许可。在伦敦市内第一次结成辛迪加投资者集团时，女王亲信、贵族、海军将领、冒险商人、投资家都竞相参加。

在这个辛迪加投资集团中起到领导作用的干事，是英国海军的财务长官贝加明 · 甘逊。英国海军被称为王室海军（Royal Navy），原本海军是国王或女王所有的海军，属于王室。女王动员王室海军，开展了奴隶贸易。以奴隶贸易的辛迪加投资集团资金作为担保，霍金斯调度了 4 艘帆船，构筑了在加勒比海贩卖黑奴的体系。

和霍金斯同为普利茅斯出生的甘逊，被提拔为财务长官，并调到伦敦，爬上权力中枢的宝座。甘逊有一个掌上明珠凯瑟琳（18 岁），成为这位小姐的联姻对象的正是海盗出身的“冒险商人”霍金斯。冒险商人霍金斯家族的公子和海军财务长官的千金的联姻——海盗和王室海军之间，切也切不断的紧密关系，从此人际关系上，也可窥见一斑。在当时的英国，王室海军帆船被编入海盗舰队，相反海盗船也加入王室海军的远洋舰队，两者是密不可分、相互依存的关系。

第一次远征，霍金斯船队在远洋航海中袭击了葡萄牙船只，劫掠了船上运载的大批黑奴还有红酒，此外还劫掠了两艘葡萄牙船，将其编入了船队。这样一来，霍金斯的船队扩大为 6 艘，在航海途中，让满载着劫掠品的一艘船先回到英国，在普利茅斯港口卸下大批的劫掠品，让辛迪加集团的投资者欣喜若狂。这次远征，获得了400名奴隶，成功地将其中260人卖到了加勒比海，给英国带来了巨大的收益。

但并不是所有的奴隶都能卖出手，因为高龄或生病的原因，140名奴隶没有卖出。此外，西班牙殖民地的官员，以海外贸易相关的关税和手续费为由，向霍金斯索取贿赂，这些奴隶也有可能作为贿赂，提供给了西班牙殖民地。不管怎样，没有留下将奴隶带回英国的痕迹。

最后霍金斯回国时，除了贩卖奴隶的货款，还带回了在大西洋上通过海盗行为劫掠的大批金银、珍珠、砂糖、红酒、香料、皮革等，取得了不枉辛迪加集团投资者们期待的辉煌成果，更获得了女王对其高度的评价。

霍金斯指挥下的奴隶贸易大获成功后，伦敦的奴隶贸易辛迪加集团，立刻就提出要进行第二次远征。第二次远征时，女王初次提供了王室船只，伊丽莎白女王对奴隶贸易的参与更加迈进了一步。英国的奴隶贸易在1560年形成原型，直到19世纪奴隶贸易被废除为止，以大西洋为舞台，上演了长达270年之久。

女王提供王室船只

第二次的奴隶船队组建于1564年，伊丽莎白女王借予了王室船只“吕贝克耶稣号”（700吨），加上霍金斯准备好的3艘帆船（140吨、50吨、30吨），一共4艘帆船的船队（共计920吨）。光从吨数来看，就可得知女王的王室船是出奇的庞大，也就意味着女王是组建海盗船队的最大投资方。这次航海，霍金斯一共到手了300—400个奴隶，遵循女王的旨意卖给了西班牙殖民地，获取了高额的收益。

伴随奴隶贸易可以确保稳定高额收益的认识成为共识，伊丽莎白女王对霍金斯海盗船队每次组建的投资额，也稳步上升。霍金斯在短短几年内，将个人所有的船只增加为7艘，家族业务也呈现良好的趋势。1567年在第四次组建奴隶船队时，女王提供了两艘王室船只，由此可见女王对奴隶贸易抱有极大的期待。

第三次远征（1566年），家族里的下一代年轻海盗拉贝尔代替霍金斯指挥了船队。当时霍金斯刚和海军的财务长官甘逊的千金小姐结婚，处于新婚蜜月期间，所以年轻的拉贝尔作为霍金斯的代理人得到启用。这次远征动用了4艘帆船。拉贝尔作为霍金斯家的代理人，之前也曾几次前往过加那利群岛，是作为下一代冒险商人受到瞩目的人物。根据霍金斯的指示，拉贝尔船队在西非的几内亚附近航海，袭击了满载着黑人奴隶的葡萄牙船只，劫掠了300个左右的奴隶，并按照霍金斯的指令卖给了西班牙殖民地。

第四次远征时，霍金斯重新操起指挥棒，组建了6艘帆船的奴隶船队。女王借予了王室船只“吕贝克耶稣号”和“爪牙号”，霍金斯提供了4艘船只（140吨、80吨、50吨、30吨）。此外船尾还拽着7—10吨不等的几艘小型搬运船。根据是否将这些搬运船也算入船队数目，文献上对船队的规模描述也不尽相同。但无论如何，这次的奴隶船队都是史上最大规模，可以体会到女王对此非同寻常的满腔热情。

霍金斯的船队在西非沿岸袭击了葡萄牙的奴隶船，并劫掠了400个奴隶，据说还四处破坏西非沿岸的村寨。英国方面的资料没有对霍金斯的掠夺行为进行详细的记录，但通过整理葡萄牙的受害状况，英国奴隶贸易的实际状态，也就浮上水面。

英国学到的教训

奴隶贸易并不是总是能获得成功，并给英国带来巨大的利益。当然，其中也有失败和悲剧。1568 年 9 月在加勒比海，发生了一个留名于英国史的事件。在面朝墨西哥湾的港口城市韦拉克鲁斯的附近海上，有一个叫作圣胡安的小岛。在这里发生了一起英国的奴隶船队遭受西班牙偷袭，遭受巨大损失的事件。对于英国来说，是绝不能忘记的屈辱，圣胡安事件也被牢牢刻入历史。

霍金斯船队由 6 艘变为 5 艘，按计划将黑人奴隶卖给加勒比海的西班牙殖民地，就要踏上归途时，遇到了在加勒比海上扬威的台风，船体四处受创，甲板也开始漏水，已经不能经受返回英国的远洋航海。而船员们也衰弱许多，因为坏血病和热病，多名船员卧倒病床，为了修理船只和让船员好好休养，作为紧急避难所，霍金斯决定停靠西班牙领地圣胡安岛。当时在加勒比海上还没有一个英国的殖民地，霍金斯不得不低头请求西班牙殖民地官员让其停泊。

获得西班牙殖民地当局停靠许可的霍金斯船队，被西班牙方面的友好态度所蒙骗，停靠港岸后，突然遭到从海上而来的 13 艘西班牙船队的偷袭。英国损失了包括女王王室船只“吕贝克耶稣号”在内的 3 艘帆船，遭受了毁灭性的打击。霍金斯和德雷克历尽艰辛率领剩余的两艘船逃脱出来，此后，悲剧再次袭击霍金斯。霍金斯指挥下的 200 名船员乘坐的帆船，途中因为饮水和食物告罄，100 名船员被迫下船，此外，航海中有多名船员病死途中，最后得以生还英国的仅 15 名。下船的 100 名船员的命运也极其悲惨，有的被当地土著屠杀，也有的被西班牙当局用火刑剥夺生命，或者被当作奴隶任意驱使而最终丧命，没有一人最后能踏上故土。日后这个悲剧，被英国海军和海盗家族代代相传下去。

对于西班牙来说，不过是击退了破坏大西洋和加勒比海的海盗偷运船队而已。但对于英国来说，却不是一句遭受了偷袭就可以了断的。因为女王在瞬间丧失了巨额的财产。

对于英国来说，因为西班牙船队的袭击，不仅丧失了王室船只，而且包括女王在内的投资家们的分红也烟消云散，是不可估量的损失。根据霍金斯回国后向英国海军提交的报告书中写道，受害金额约为 28914 英镑，是约占一年国家预算 15% 的金额。其中包含女王的王室船只（损失额为 5000 英镑）。女王不仅丧失了王室海军的主力舰，还丢了面子。不用说，女王对西班牙的憎恨和敌对情绪更加高涨。

因损失惨重而燃起的对西班牙的复仇之心

尽管如此，为何圣胡安事件在英国的海洋史上被看得如此之重呢？英国和西班牙之间，以海盗船为起因的“偷袭”事件乃是家常便饭，本来应该没有理由将这个事件看待得如此特殊。反而言之，里面应该有一个值得大书特书的真正理由。以下，笔者列举三点理由，来整理这个偷袭事件的政治意义。

第一，这是伊丽莎白女王蒙受最大损失的事件。女王借予的王室船只“吕贝克耶稣号”被击毁沉船，船队遭受了毁灭性的打击。对于最大的投资者女王来说，提供的资金没有任何回报。

第二，事件后霍金斯提交的报告书，成为煽动英国国民反西情绪的引爆剂。作为知识派将领而闻名的霍金斯，向女王和枢密院提交了一份报告，也是从普利茅斯出港到归国为止的航海记录，特别对偷袭事件的情形进行了详细的描绘。该报告书还预料到驻伦敦的西班牙大使，会通过间谍的秘密渠道获得该正式报告而大肆书写。不能否定受害金额，也有可能会有些夸张。

第三，德雷克参加了该船队。日后成功实现了环绕世界一周，被当作国民英雄的德雷克，参加了该船队并成功回国一事的政治意义不可忽略。为了鼓舞国民情绪，通过反对西班牙来统一国家，需要营造像德雷克这样的英雄，而作为其材料之一，圣胡安事件得到利用的解释，也就容易理解了。

英国学到的教训——殖民所有牙买加岛

从此事件中，英国得出了一个教训。只要在加勒比海拥有殖民地，就可以对帆船进行修理，也可以让船员获得休息。只要有了殖民地，也就不会被西班牙所欺骗，而遭受偷袭、攻击。

在远洋航海中，对船只的修理是必不可少的，也需要定期补给食品和饮水。在卫生状况恶劣、换气条件也不好的狭窄船舱内，挤满了众多的船员。长期的航海中，食品和饮水会腐烂，在船内做窝的老鼠四处散布病菌，因此多数的船员会患上痢疾、黄热病等传染病，船员的半数以上不是因为战斗，而是因病身亡的例子不足为奇。因维生素不足而患上败血病，也是家常便饭，因脱水症状而死亡的例子也很多。

登陆加勒比海的某个岛屿，给船员治疗疾病，进行休养是必不可少的。但是16世纪的加勒比海上的所有岛屿，都处于大国西班牙的支配下，英国曾经几次试图将岛屿划为自己的领土，但每次都以失败告终。1588年和西班牙的无敌舰队一战，英国虽然取得了胜利，但是西班牙的国力还是不容忽视。作为竞争对手的法国和荷兰也是十分棘手。英国最初占领的殖民地圣基茨岛（1623 年），在 6 年后的 1629 年又被西班牙海军夺回，英国不得不放弃该岛。一部分岛民移居到蒙特塞拉特岛，但因法国在 1644 年占领了该岛，英国人又被再次驱逐出岛。英国在历经艰辛后，终于到手的正式殖民地是牙买加岛。牙买加岛是作为高级咖啡而闻名的蓝山咖啡的产地，也是男子田径竞赛的世界纪录保持者尤塞恩·博尔特选手的故乡。

原本英国物色的是牙买加岛旁边的加勒比海上仅次于最大岛屿古巴岛的伊斯帕尼奥拉岛（又名海地岛，现属多米尼加共和国和海地），但因为遭到西班牙殖民地军的抵抗没能占领，作为其替代案，想到占领牙买加岛。这样，在 1655 年英国军事占领了西班牙殖民地牙买加岛，1670 年，英国和西班牙缔结了马德里条约，从而正式拥有该岛。以此为据点，英国开始追逐称霸加勒比海的梦想。牙买加岛此后在砂糖生产上也扮演了中心角色，烟叶的生产也走上正轨，成为奴隶贸易最大的据点。

不是小偷小摸，而是成为大盗的战略——建设海盗国家

给女王脸上抹黑的西班牙，令人憎恨。但是，英国还不具备足够的国力。以西班牙为敌要正面交锋的话，毫无疑问，英国没有胜算。那么该怎么办才好呢？为备战西班牙，英国要不断增强国力，在此之前，哪怕需要花费 20 年，英国也只能卧薪尝胆，表面上假装和西班牙维持友好关系。尽量争取时间，提高经济能力，强化海军实力，当然也少不了收集敌方情报。推进富国强兵政策是必然之举，而其前哨就是本书的主题——“海盗”。

“女王陛下的海盗”们，以圣胡安事件为契机，强化其作为女王

的秘密部队或特殊部队的角色，频繁袭击西班牙船和葡萄牙船，变本加厉地掠夺财宝。特别是以德雷克为代表的海盗，发誓要报复西班牙船，有计划有组织地展开袭击西班牙财宝船的海盗行为。和女王携手的海盗船，在后世被称为“私掠船”，但是从国家利益的角度来看，是因为有必要美化伊丽莎白女王时代的海盗船，而将其正当化。在 16 世纪，根本不存在私掠船这个词。

圣胡安事件之后，英国被迫重新审视对假想敌国西班牙的战略，对西班牙的海盗行为，也更加正规化。正如第一章所述，将海盗行为作为对外政策的支柱，不仅袭击西班牙船只，掠夺装载的财宝，也一并夺取船只，带回英国，编入海盗或英国王室的船队。这被作为长期强化英国海洋实力的最佳方案。

面对与大国西班牙和葡萄牙的竞争，在战争中取得胜利的近道，不是小偷小摸，而是成为大盗——这正是伊丽莎白女王时代的国家战略。英国的国家目标是彻底利用海盗来发展国家经济，即建设“海盗国家”。

后记

我又绕道而行了。原来本书是打算以现代海盗为主题撰写的，但我的坏毛病又出来了。在解明海盗问题的过程中，海盗到底是什么，这个单纯的疑问，一直萦绕在我的脑海，挥之不去。所以我还是回归历史，在追逐海盗的历史过程中，不是抓住主干，而是通过放大镜来窥探细小分支话题的手法，写下了此书。其结果，本书着眼的是 16 世纪这段遥远历史中出现的海盗。

描述 16 世纪的海盗史，无异于“从清水舞台飞跃而下”（译者注：日本谚语。京都清水寺的清水舞台，高台险峻，此谚语比喻不顾前后，抛去一切。）一般的心情。对 16 世纪历史出手，对于研究国际政治的研究者来说，是不是一个简直可以与“犯罪”相匹敌的行为？这个疑问一直留在我的脑海里。但是，我被想要触摸 16 世纪的海盗史的冲动所驱使，执笔写下了本书。国家权力和海盗融为一体，形成相互依存的关系，而贫穷的二流国家英国也变为富裕的一流国家，此时代的入口——正是 16 世纪。

在闲暇时间，我鉴赏了华特 · 迪士尼的电影《加勒比海盗》，也不止一次地去往到迪士尼游乐园备受欢迎的“加勒比海盗”游乐园区。海盗们明明是罪犯，却为何被描绘为英雄？我对于海盗的兴趣和关心，没有尽头。遥看欧美媒体，也可以发现海盗问题和历史浪漫交错的稿件颇为众多。对于欧美人来说，海盗不仅仅是单纯的罪犯，也是一个特殊的存在。换句话来说，我逐渐加深确信，毫无疑问海盗必定是做了相当的社会贡献，以至于能被当作英雄描绘。就拿我家来说，尾田荣一郎的《One Piece》（集英社）的全套漫画，就大摇大摆地坐镇在书架上，仅此就可得知海盗冒险梦，实在是人气鼎沸。

瞩目于海盗这个角色，通过海盗来再次认识世界史的工作，花费了诸多的时间。这里我的坏习惯又登场了。我开始热切地希望能亲眼看看迪士尼作品《加勒比海盗》中，海盗据点所在的牙买加。同样，海盗德雷克的故乡——塔比斯多克，英国海盗据点所在的港口城市——普利茅斯，海盗设立的东印度公司所在地——伦敦，还有东印度公司作为海外据点之一的阿拉伯半岛南部的亚丁湾附近海域，因为茶贸易而繁荣的中国广州，被印度支配的据点的加尔各答，还有展示了操纵海盗的伊丽莎白女王一世与其亲信肖像画的伦敦国家肖像画廊，还有以天文台著称的格林尼治国家海洋博物馆，销售从加勒比海底打捞出来的16世纪罕见硬币的伦敦和纽约的硬币店等，为了探索海盗的真实面目，我一次又一次地前往海外旅行。

在写完本书时，我请专业是莎士比亚研究，对16世纪英国历史造诣深厚的同人前泽浩子女士，阅览了本书草稿，并获得了很多有益的建议和意见。前泽女士在前往英国出差途中，百忙之中还不忘带去拙书书稿，真是让人敬佩有加。借此机会，谨向前泽女士表示深深的感谢。

从美国史学泰斗有贺贞老师之处，我学习到了将国际关系历史不是作为各国历史，而是作为国际关系史来进行描绘的重要性。本书执笔时，通过有贺老师的著作《国际关系史》俯瞰了16—19世纪的世界，该书起到了罗盘针一般的作用。在此，再次向有贺老师致以感谢。

筑摩新书的松本良次先生，邀请我执笔多种多样题材的新书。他一直都以温暖的眼神和冷静的态度鼓励我，也成为斗胆竟要挑战海盗世界史的我的理解者。正因为有松本先生作为编辑的坚定而有耐性的手腕，本书才得以见到天日。

其次，我还请我的夫人淳子，代表一般读者多次阅读所有的草稿，并作为最严格的批评家，给了我很多直率的意见。在此意义上，说淳子是我的共同执笔人也不为过。

我之所以对国际关系角度的英国历史感兴趣，并决心要通过海盗史来解明英国这个国家的战略性、优越性、过人之处和令人可怕之处的背景在于，我在上智大学研究生院专攻国际关系时的指导教授蜡山道雄先生。蜡山老师在研究生院的课程中，经常涉及英国的历史学家 F. H. 辛斯利和赫德利 · 布尔的著作，教授给我解读英国历史的深奥。研究生院时代，通过和通晓古今中外历史的蜡山老师交谈，让我获得了众多的知识营养。老师在我执笔本书的途中，不幸过世了。“你写了本挺有意思的书嘛！”如果九泉之下的老师能够这么对我说的话，弟子我就要喜出望外了。

有关用词的表述

有关国名

在本书使用了英国这个国名，本来，应该表述为英格兰（England）。在16世纪，英国不是一个单一的国家，而是英格兰、苏格兰等各王国同时存在。本书的主人公伊丽莎白一世，正式地说，是英格兰的女王。英格兰在1707年合并苏格兰成立联合王国（United Kingdom）之前，两个王国并存。为此，女王的头衔也受王国的名称所影响。因为在16世纪，英格兰和苏格兰两个王国都有名叫玛丽的女王，有时会引起混乱。为了避免混乱，将后者称为“苏格兰女王玛丽”。一般说“玛丽女王”的时候，是指因“血腥玛丽”而闻名的英格兰女王玛丽一世。

西班牙和葡萄牙都是独立的王国，但是西班牙有过在1580—1640年的60年间，合并葡萄牙的时代。葡萄牙在历史上从伊比利亚半岛消失过60年，但是为了避免叙述上的烦琐，本书将西班牙和葡萄牙作为各自的独立王国进行描述。

本书使用了“荷兰”这一国名。在16世纪，荷兰有过作为西班牙属地荷兰的漫长时代，但在1581年从西班牙独立，宣告成为“荷兰联邦共和国”。因为其土地比海面还要更低，所以国名采用了低地国家之意的“netherland”。从地理上来说，包括现在的荷兰、比利时、卢森堡、法国北部一部分。英文常常将16世纪的荷兰表述为“low country”。此外，因为其政治中心地处荷兰州，所以英文将其国名表述为荷兰（Holland）的文献也不少。本书在提及驻留荷兰的西班牙军时，根据陆军的组成单位，称其为荷兰（Netherland）驻留军。

有关年历

本书年历也不统一，在16—18世纪，并存有两种年历。原本英国和欧洲诸国，使用的是古罗马军人、政治家恺撒制定的“儒略历”。但是根据罗马教皇额我略十三世的提议，欧洲大陆的旧教国，从1582年开始使用新的“额我略历”。但是基督新教国家英国拒绝使用“额我略历”，继续使用了“儒略历”。结果在16世纪末—17世纪，英国和欧洲诸国相比，在年历上有10天的延迟，到了18世纪有11天的延迟事态。

本书以英国为主语，描述了海盗的故事，所以日期基本上依据英国文献上使用的“儒略历”。但是，有些文献难以判断是依据了哪一种年历，有可能会错误地记载了“额我略历”的日期。英国和西班牙无敌舰队的海战，在英国文献和欧洲文献中，理所应当的海战日期也各不相同。因为这种年历的并存，英国和欧洲大陆之间，外交和贸易上造成了很大的混乱。为了避免不必要的混乱，英国在1752年制定了“新历法”，终于决定统一为“额我略历”。1753年，英国博物馆建立，可以看出这个时代，英国已经渐渐地具备了和欧洲诸国对抗的经济实力。阅览18世纪中期为止的历史书籍时，需要注意到年历的差异。

有关英国国教会

本书对于旧教的天主教势力和新教的基督新教势力之间的斗争，仅仅是作为权力斗争来进行描绘，并没有涉及教义本身的差异。德雷克等重要海盗的立场，也不过是服从国王即国家权力，对于宗教采用了灵活的态度来应对。

都铎王朝（Tudor dynasty，1485—1603 年）时代，国王亨利八世和王妃凯瑟琳 · 阿拉贡之间的离异问题恶化，英国和天主教徒的中心梵蒂冈成为对立关系。在没有得到罗马教皇的同意下，亨利国王决心和王妃离婚，国王最终和梵蒂冈之间断绝关系，制定了国王至上法，并在 1534 年新成立了英国国教会（Church of England）。国王因为对王妃侍女安妮 · 博林一见钟情，以要和这位侍女结婚为理由，最后导致了英国的宗教改革。此后，还发布了收回天主教修道院的土地，并破坏、焚烧修道院建筑的国王命令，所以在英国各地突然诞生了很多的空地或公园。在宗教改革的浪潮之中，海盗作为国家权力机器，被动员起来。

将国王视为至上，接受（conform）英国国教会的规章和习俗的基督新教徒，被称为国教徒。而拒绝国教会规章的基督新教徒，则成为非国教徒（nonconformists）。将圣经作为唯一权威，遵循禁欲的道德观，追求有序的节制生活的清教徒（puritan）就是其代表。清教徒的词源可以追溯为，对反对圣经教义的英国国教会进行纯化（purify）的使命。广义上来说，旧教徒也属于非国教徒，但在本书中对其进行区分。

英国对旧教徒和非国教徒进行的镇压和制裁，一直持续到 19 世纪。1673 年《审查法》得到制定，旧教徒和非国教徒，无论是文职还是武职，都被剥夺公职。牛津大学和剑桥大学从 16 世纪以后，都不承认国教徒以外的学生入学（这个制度一直持续到 1871 年）。非国教徒的子弟们，从 16 世纪以后长达 200 年间，大学升学之路都被封锁了。直到 1826 年，为了非国教徒子弟就学，伦敦大学得以设立。对此反对的国教徒，在 1826 年创建了伦敦国王学院（King's College London）来与其对抗。在伊丽莎白女王时代，被采用的亲信伯利（威廉 · 塞西尔）、沃尔辛厄姆、金库管家托马斯 · 格雷沙姆等周边的实权人物，都是剑桥大学出身，因此使得该大学的声望剧增。

有关登场人物

以伊丽莎白女王为主角的文献，莱斯特伯爵（罗伯特 · 达德利）、埃塞克斯伯爵（罗伯特 · 德弗卢）、萨默塞特公爵（爱德华 · 西摩）、诺森伯兰公爵（约翰 · 达德利）、萨默塞特伯爵（托马斯 · 拉德克利夫），亨利八世的第一个王妃凯瑟琳 · 阿拉贡，还有第二个王妃安妮 · 博林（伊丽莎白女王的生母）等人物纷纷登场。但在本书中，这些名人几乎都没有登场的机会。为了集中焦点于女王和海盗之间的接触，我需要向读者声明，本书中的登场人物相当的片面。

有关参考资料（词典、事典、地图）

英国、苏格兰、欧洲各国的地名、人名，还有年代表和事项说明，基本上都是按照松村赳、福田虎男编著的《英国史辞典》（研究社,2000年），并适宜参照了大卫 · 克里斯丁编（金子雄司译）的《岩波 = 剑桥世界人名辞典》（岩波书店，1997 年），荒井良雄编的《莎士比亚大事典》(日本图书中心，2002年)，蛭川久康编著的《伦敦事典》(大修馆书店，2002年)，B. R. 米切尔编(犬井正监译，中春寿男译)的《英国历史统计》(原书房，1995年)，大冢和夫编的《岩波伊斯兰辞典》(岩波书店，2002年)，永原庆二监修的《岩波日本史辞典》(岩波书店，1999年)，A. N. 波特编著(横井胜彦、山本正译)的《大英帝国历史地图——英国出征海外的轨迹 1480—现代》(原书房，1996年)，正井泰夫监修的《小学馆世界大地图》(小学馆，2009年)等。

参考文献

日语文献

川北稔:『砂糖の世界史』, 東京: 岩波書店, 1996 年。

川北稔:『イギリス（世界の食文化 17）』, 農山漁村文化協会, 東京: 2006 年。

川北稔編:『イギリス史（新版世界各国史 11）』山川出版社, 東京: 1998 年。

川北稔編 · 綾部恒雄監修:『結社のイギリス史—クラブから帝国まで（結社の世界史 4）』, 東京: 山川出版社, 2005 年。

大内健二:『海難の世界史（交通ブックス 213）』, 東京: 成山堂書店, 2001 年。

三杉隆敏:『海のシルクロードを調べる辞典』, 東京: 芙蓉書房出版, 2006 年。

山田憲太郎:『香料の道—鼻と舌　西東』, 東京: 中央公論新社, 2002 年。

山田憲太郎:『スパイスの歴史—薬味から香辛料へ』, 東京: 法政大学出版局, 1979 年。

山田憲太郎:『香薬東西』, 東京: 法政大学出版局, 1980 年。

山田憲太郎:『香料の歴史—スパイスを中心に』, 東京: 紀伊国書店，1994年。

山田憲太郎:『海賊の掟—』，東京：新潮社，2006年。

小島敦夫:『海賊列伝—古代·中世ヨーロッパ海賊の光と影』，東京：誠文堂新光社，1985年。

小林章夫:『コーヒー·ハウス—18世紀ロンドン、都市の生活史』，東京：講談社，2000年。

小林章夫:『イギリス王室物語』，東京：講談社，1996年。

小林幸雄:『図解イングランド海軍の歴史』，東京：原書房，2007年。

今井宏編:『世界歴史大系イギリス史（2）近世』，東京：山川出版社，1990年。

井野瀬久美恵:『大英帝国という経験（興亡の世界史16）』，東京：講談社，2007年。

木村栄一:『ロイズ—世界最大の保険市場』，東京：日本経済新聞社，1981年。

中丸明:『海の世界史』，東京：講談社，1999年。

白石隆:『海の帝国—アジアをどう考えるか』，東京：中央公論新社，2000年。

加藤祐三·川北稔:『アジアと欧米世界（世界の歴史25）』，東京：中央公論社，1998年。

生田滋:『大航海時代とモルッカ諸島—ポルトガル、スペイン、テルナテ王国と丁字貿易』，東京：中央公論社，1998年。

石井美樹子:『エリザベス—華麗なる孤独』，東京：中央公論新社，2009年。

石井米雄他編:『岩波講座東アジア史（3）東アジア近世の成立』，東京：岩波書店，2001年。

石井米雄·桜井由躬雄編:『東アジア史（Ⅰ）大陸部（新版世界各国史 5）』，東京：山川出版社，1999 年。

石澤良昭·生田滋:『東南アジアの伝統と発展（世界の歴史 13）』，東京：中央公論社，1998 年。

石島晴夫:『スペイン無敵艦隊』，東京：原書房，1981 年。

石島晴夫:『カリブの海賊ヘンリー·モーガン—海賊を裏切った海賊（大航海時代の世界Ⅴ）』，東京：原書房，1992 年。

田所昌幸編:『ロイヤル·ネイヴィとパクス·ブリタニカ』，東京：有斐閣，2006 年。

永積昭:『オランダ東インド会社』，講談社，2000 年

池端雪浦編:『東南アジア史（Ⅱ）島嶼部（新版世界各国史 6）』，東京：山川出版社，1999 年。

臼井隆一郎:『コーヒーが廻り世界史が廻る—近代市民社会の黒い血液』，東京：中央公論社，1992 年。

臼田昭:『ピープス氏の秘められた日記—17 世紀イギリス紳士の生活』，東京：岩波書店，1982 年。

西海隆夫:『切手が伝える地図の世界史—探検家と地図を作った人々』，東京：彩流社，2008 年。

西川和子:『スペインフェリペ二世の生涯—慎重王とヨーロッパ王家の王女たち』，東京：彩流社，2005 年。

有賀貞:『国際関係史—16 世紀から 1945 年まで』，東京：東京大学出版会，2010 年。

羽田正:『東インド会社とアジアの海（興亡の世界史 15）』，東京：講談社，2007 年。

別枝達夫:『キャプテン·キッド—権力と海賊の奇妙な関係』，東京：中央公論社，1965 年。

别枝達夫:『海事史の舞台—女王 · 海賊 · 香料』, 東京: みすず書房, 1979 年。

别枝達夫:『海賊の系譜』, 東京: 誠文堂新光社, 1980 年。

村岡健次 · 川北稔編著:『イギリス近代史—宗教改革から現代まで』, 京都: ミネルヴァ書房, 1986 年。

角山栄:『茶の世界史—緑茶の文化と紅茶の社会』, 東京: 中央公論社, 1980 年。

角山栄:『産業革命と民衆(生活の世界歴史 10)』, 東京: 河出書房新社, 1975 年。

君塚直隆:『近代ヨーロッパ国際政治史』, 東京:有斐閣,2010年。

杉浦昭典:『大帆船時代—快速帆船クリッパー物語』, 東京: 中央公論社, 1979 年。

杉浦昭典:『海賊キャプテン · ドレーク—イギリスを救った海の英雄』, 東京: 中央公論社, 1987 年。

松崎芳郎編著:『年表　茶の世界史(新装版)』, 東京: 八坂書店, 2007 年。

辛島昇:『海のシルクロード—中国 · 泉州からイスタンブールまで』, 東京: 集英社, 2000 年。

浅田實:『東インド会社—巨大商業資本の盛衰』, 東京: 講談社, 1989 年。

浅田實:『イギリス東インド会社とインド成金』, 京都: ミネルヴァ書房, 2001 年。

青木道彦:『エリザベスⅠ世—大英帝国の幕開け』, 東京: 講談社, 2002 年。

武光誠:『世界史に消えた海賊』, 東京: 青春出版社, 2004 年。

岩根圀和:『物語　スペインの歴史—海洋帝国の黄金時代』, 東京：中央公論新社，2002 年。

春山行夫:『ビールの文化史 1·2(春山行夫の博物誌Ⅵ)』，東京：平凡社，1990 年。

春山行夫:『紅茶の文化史(春山行夫の博物誌Ⅶ)』，東京：平凡社，1990 年。

荒正人:『ヴァイキング—世界史を変えた海の戦士』，東京：中央公論社，1998 年。

科野孝蔵:『オランダ東インド会社の歴史』，東京：同文館出版，1988 年。

浜矩子:『ザ·シティ金融大冒険物語—海賊バンキングとジェントルマン資本主義』，東京：毎日新聞社，2007 年。

浜渦哲雄:『世界最強の商社—イギリス東インド会社のコラボレートガンバナンス』，東京：日本経済評論社，2001 年。

浜渦哲雄:『イギリス東インド会社—軍隊·官僚·総督』，東京：中央公論新社，2009 年。

栗林忠男·杉原高嶺編:『海洋法の歴史的展開(日本海洋法研究会叢書　現代海洋法の潮流第 1 巻)』，有信堂高文社，2004 年。

桜井由躬雄他編:『岩波講座東アジア史(4)東アジア近世国家群の展開』，東京：岩波書店，2001 年，

森護:『スコットランド王国史話』，東京:中央公論新社,1977 年。

塩野七生:『ローマ亡き後の地中海世界(上·下)』，東京：新潮社，2008 年、2009 年。

増田義郎:『大航海時代(ビジュアル版世界の歴史 13)』，東京：講談社，1984 年。

増田義郎:『略奪の海　カリブ—もうひとつのラテン·アメリカ』，東京：岩波書店，1989 年。

增田義郎:『図解　海賊』, 東京：河出書房新社，2006 年。

横井勝彦:『アジアの海の大英帝国—19 世紀海洋支配の構図』, 東京：講談社，2004 年。

磯淵猛:『一杯の紅茶の世界史』, 東京：文藝春秋，2005 年。

藤本勝次 · 山田憲太郎 · 三杉隆敏:『海のシルクロード—絹 · 香料 · 陶磁器』, 大阪：大阪書籍，1982 年。

日文译书

『大航海時代叢書』第Ⅱ期 17（朱牟田夏雄 · 中野好夫訳）:「イギリスの航海と植民」(一）ジェンキンソン、ランカスター、スコット、ホーキンズ、ドレイク」, 東京：岩波書店，1983 年。

『大航海時代叢書』第Ⅱ期 18（越智武臣 · 平野敬一訳）:「イギリスの航海と植民（二）ハクルート、バーロー、レーン、ハリオット、スミス、ローリ」, 東京：岩波書店，1985 年。

アーミテイジ、ディヴィッド（平田雅博他訳）:『帝国の誕生—ブリテン帝国のイデオロギー的起源』, 東京：日本経済評論社，2005 年。

ウィリアムズ、エリック（川北稔訳）:『コロンブスからカストロまで—カリブ海域史、1492年—1969 Ⅰ · Ⅱ（岩波現代選書 6·7）』, 東京：岩波書店，1978 年。

ウィリアムズ、ネヴィル（向井元子訳）:『ドレイク—無敵艦隊を破った男（大航海者の世界）』, 東京：原書房，1992 年。

ウォーラーステイン、ウマニュエル（川北稔訳）:『近代世界システム—農業資本主義と「ヨーロッパ世界経済」の成立Ⅰ · Ⅱ

（岩波現代選書 63·64）』，東京：岩波書店，1981 年。

エスケメリング、ジョン（石島晴夫編訳）：『カリブの海賊』，東京：誠文堂新光社，1983 年。

オドレール·フィリップ（羽田正編）：『フランス東インド会社とポンディシェリ』，東京：山川出版社，2006 年。

ガードナー·ブライアン（浜本正夫訳）：『イギリス東インド会社』，東京：リブロポート，1989 年。

カーランスキー、マーク（山本光伸訳）：『「塩」の世界史—歴史を動かした、小さな粒』，東京：扶桑社，2005 年。

ギュイヨ、リュシアン（池崎一郎他訳）：『香辛料の世界史』，東京：白水社，1987 年。

ゲーテ（相良守峯訳）：『ファウスト（第二部）』，東京：岩波書店，1957 年。

ゴス、フィリップ（朝比奈一郎訳）：『海賊の世界史』，東京：リブロポート，1994 年。

コーディングリ、ディヴィッド（増田義郎監訳·竹内和世訳）：『図説　海賊大全』，東京：東洋書林，2000 年。

ガーミニ·サルガードー（松村赳訳）：『エリザベス朝の裏社会（刀水歴史全書 8）』，東京：刀水書房，1985 年。

ジャカン、フィリップ（増田義郎監修、後藤淳一他訳）：『海賊の歴史—カリブ海、地中海、アジアの海まで（「地の再発見双書 113」）』，大阪市：創元社，2003 年。

シュライバー、ヘルマン（杉浦健之訳）：『航海の世界史』，東京：白水社，1977 年。

ジョンソン、チャールズ（朝比奈一郎訳）：『イギリスの海賊史（上·下）』，東京：リブロポート，1983 年。

スターキー、ディヴィッド（香西史子訳）:『エリザベス—女王への道』，東京：原書房，2006 年。

スタンデージ、トム（新井崇嗣訳）:『世界を変えた 6 つの飲み物—ビール、ワイン、蒸留酒、コーヒー、紅茶、コーラが語るもうひとつの歴史』，東京：インターシフト，2007 年。

スタンリー、ジョー編著（竹内和世訳）:『女海賊大全』，東京：東洋書林，2003 年。

ストレイチー、リットン（福田逸訳）:『エリザベスとエセックス—王冠と恋』，東京：中央公論社，1983 年。

ダンピア、ウィリアム（平野敬一訳）:『最新世界周航記、上·下』，東京：岩波書店，2007 年。

デシャン、ユベール（田辺貞之助訳）:『海賊』，東京：白水社，1965 年。

ドッジ、バーサ（白幡節子訳）:『スパイスストーリー——欲望と挑戦と』，東京：八坂書房，1994 年。

バイロン（太田三郎訳）:『海賊』，東京：岩波書店，1952 年。

ハトックス·ラルフ·S·（斎藤富美子、田村愛理訳）:『コーヒーとコーヒーハウス—中世中東における社交飲料の起源』，東京：同文館出版，1993 年。

バーカー、ジェフリ（大久保桂子訳）:『長篠合戦の世界史—ヨーロッパ軍事革命の衝撃 1500~1800 年』，東京：同文館出版，1995 年。

ハワード、ジョン（北川稔·森本真美訳）:『十八世紀ヨーロッパ監獄事情』，東京：岩波書店，1994 年。

フェルナンデス＝アルメスト、フェリペ（関口篤訳）:『世界探検全史—道の発見者たち（上·下）』，東京：青土社，2009 年。

フィッシャー、フレデリック（浅田実訳）:『十六·十七世紀の英国経済』, 東京: 未来社, 1971年。

ブラック、クリントン（増田義郎訳）:『カリブ海の海賊たち』, 東京: 新潮社, 1990年。

フランドラン、ジャン=ルイ/マッシモ·モンタナーリ編（宮原信·北代美和子監訳）:『食の歴史（Ⅰ·Ⅱ·Ⅲ）』, 東京:藤原書店, 2006年。

ブロン、ジョルジュ（三輪秀彦訳）:『カリブの海賊史』, 東京: 早川書房, 1973年。

ホープ、アネット（野中邦子訳）:『ロンドン　食の歴史物語—中世から現代までの英国料理』, 東京: 白水社, 2006年。

ホジスン、ゴドフリー（狩野貞子訳）:『ロイズ—巨大保険機構の内幕（上·下）』, 東京: 早川書房, 1987年。

マニックス、ダニエル（土田とも訳）:『黒い積荷』, 東京: 平凡社, 1976年。

マホフスキ、J·（木村武雄訳）:『海賊の歴史』, 東京: 河出書房新社, 1975年。

マルテーユ、ジャイルズ（木崎喜代治訳）:『ガレー船徒刑囚の回想』, 東京: 岩波書店, 1996年。

ミルトン、ジャイルズ（松浦伶訳）:『スパイス戦争—大航海時代の冒険者たち』, 東京: 朝日新聞社, 2000年。

メア、ヴィクター·H/アンリー·ホー（忠平美幸訳）:『お茶の歴史』, 東京: 河出書房新社, 2010年。

メジャフェ、R·（清水透訳）:『ラテンアメリカと奴隷制（岩波現代選書36）』, 東京: 岩波書店, 1979年。

モンタナーリ、マッシモ（山辺規子 城戸照子訳）:『ヨーロッパの食文化』，東京：平凡社，1999年。

リード、アンソニー（平野秀秋·田中優子訳）:『大航海時代の東南アジア 1450—1680年（Ⅰ）貿易風の下で』『同（Ⅱ）拡張と危機』，東京：法政大学出版局，1997年、2002年。

ルイス、マイケル（幸田礼雅訳）:『アルマダの戦い—スペイン無敵艦隊の悲劇』，東京：新評論，1996年。

レイ、タン·コイ（石沢良昭訳）:『東南アジア史（増補新版）』，東京：白水社，2000年。

レーン＝プール、スタンリー（前嶋信次訳）:『バルバリア海賊盛衰記—イスラム対ヨーロッパ大海戦史』，東京：リブロポート，1981年。

ロリウー、ブリュノ（吉田春美訳）:『中世ヨーロッパ　食の生活史』，東京：原書房，2003年。

图书在版编目（CIP）数据

创造世界史的海盗 / （日）竹田勇著；阿部罗洁译．
—杭州：浙江大学出版社，2017. 5
ISBN 978-7-308-16774-1

Ⅰ.①创… Ⅱ.①竹… ②阿… Ⅲ.①海盗—历史—
研究—英国 Ⅳ.①K561. 07

中国版本图书馆CIP数据核字（2017）第063002号

创造世界史的海盗
[日]竹田勇 著　阿部罗洁 译

责任编辑　周红聪
文字编辑　李　卫
装帧设计　周伟伟
出版发行　浙江大学出版社
（杭州天目山路148号　邮政编码310007）
（网址：http:// www.zjupress.com）
制　　作　北京大观世纪文化传媒有限公司
印　　刷　北京天宇万达印刷有限公司
开　　本　635mm×965mm　1/16
印　　张　11
字　　数　132千
版 印 次　2017年5月第1版　2017年5月第1次印刷
书　　号　ISBN 978-7-308-16774-1
定　　价　35.00元

浙江大学出版社发行中心联系方式：（0571）88925591；http://zjdxcbs.tmall.com

浙江省版权局著作权合同登记图字：11-2015-258 号